精益成本管理攻略

范松林 著

中国财政经济出版社

图书在版编目（CIP）数据

精益成本管理攻略/范松林著．—北京：中国财政经济出版社，2016.6
ISBN 978-7-5095-6761-6

Ⅰ.①精… Ⅱ.①范… Ⅲ.①成本管理 Ⅳ.①F275.3

中国版本图书馆 CIP 数据核字（2016）第 117006 号

责任编辑：樊清玉　　　　　　责任校对：李　丽
封面设计：智点创意

中国财政经济出版社 出版

URL：http://ckfz.cfeph.cn
E-mail：ckfz@cfeph.cn

（版权所有　翻印必究）

社址：北京市海淀区阜成路甲 28 号　邮政编码：100142
营销中心电话：88190406
天猫网店：中国财政经济出版社旗舰店
网址：https://zgczjjcbs.tmall.com
北京中兴印刷有限公司印刷　各地新华书店经销
880×1230 毫米　32 开　6.375 印张　150 000 字
2016 年 7 月第 1 版　2016 年 10 月北京第 2 次印刷
印数：3 031—4 660　定价：20.00 元
ISBN 978-7-5095-6761-6/F·5439
（图书出现印装问题，本社负责调换）
本社质量投诉电话：010-88190744
打击盗版举报热线：010-88190492，QQ：634579818

范松林是我的学生。他在上海财经大学攻读研究生时，我是他的老师；他2002年申请攻读博士时，我是推荐人；他在2006年写成《精益成本管理》博士论文时，我是他博士论文的评阅老师；他在2014年申请晋升为正高级会计师时，我又是他的推荐人。

他在攻读硕士时，博览群书，成绩优秀，获得上海财经大学硕士奖学金。他在宝钢从事9年成本管理实践后，攻读博士，使得实践与理论在此结合，迸发出"精益成本管理"的火花，并对精益成本管理理论体系的创建进行了探索研究。

他在博士毕业后，继续探索管理会计的创新，在宝钢金属形成了《企业价值管理攻略》。探索无止境，他在2013年至2014年间又对标准成本与阿米巴相结合进行了尝试，迸发出美丽的火花，点燃了大家创造价值的激情。

在此基础上他写成了《精益成本管理攻略》一书。

该书通过研究宝钢的精益成本管理实践，提出了基于精益生产模式的全新的成本管理方法即精益成本管理——一个履行控制能力的责任系统和价值创造系统，它全方位控制企业的供应链成本，以达到企业供应链成本最优，从而使企业获得较强的竞争优势。而且还从精益成本管理的基点、要素分析等角度，系统地研究了面向价值最大化的精益成本管理运作体系。在此基础上建立了精益成本管理的方法措施体系，并提出了实施精益成本管理的基本策略。更可贵的是本书还对在精益成本管理中，如何创造性地将标准成本与阿米巴相结合来提升 EVA 进行了有益的探索。

事实证明，这套精益成本管理的体系在宝钢取得了成功。该书是范松林在宝钢从事成本管理的实践经验之谈，值得广大同仁学习借鉴。

上海国家会计学院（原院长）

2016 年 5 月 8 日

第1章 绪论 …………………………（ 1 ）
  1.1 精益成本管理研究背景和意义 ……………………………（ 1 ）
  1.2 国内外研究文献综述 ………（ 11 ）
  1.3 精益成本管理研究目标、研究内容和拟解决的关键问题 …（ 25 ）
  1.4 研究方法和技术路线 ………（ 27 ）
  1.5 主要创新点 …………………（ 28 ）
第2章 建立精益成本管理的紧迫性和必要性 ………………（ 30 ）
  2.1 钢铁企业成本管理模式创新的紧迫性 …………………（ 30 ）
  2.2 精益成本管理模式产生的必要性 ………………………（ 34 ）
第3章 精益成本管理理论构架 ……（ 41 ）
  3.1 精益成本管理的平台——精益生产 …………………（ 41 ）

3.2　精益生产与企业价值……………………………（49）
　　3.3　精益成本管理的内涵、外延……………………（54）
　　3.4　精益成本管理与传统成本管理的区别…………（61）
　　3.5　精益成本管理的特征……………………………（67）
第4章　构建精益成本管理的系统运作机制……………（69）
　　4.1　精益成本管理的基点……………………………（69）
　　4.2　精益成本管理要素分析…………………………（70）
　　4.3　建立精益成本管理的方法措施体系……………（74）
　　4.4　实施精益成本管理的基本策略研究……………（79）
第5章　构建宝钢精益成本管理体系……………………（82）
　　5.1　宝钢精益成本管理的演变过程…………………（82）
　　5.2　宝钢精益成本管理定位…………………………（84）
　　5.3　宝钢精益成本管理的价值导向…………………（93）
　　5.4　宝钢精益成本管理的特色基础…………………（94）
　　5.5　宝钢精益成本管理运作机制……………………（101）
第6章　宝钢基于标准成本的作业成本管理的探索与
　　　　研究……………………………………………（115）
　　6.1　推进作业成本管理与标准成本相结合的总体
　　　　原则……………………………………………（115）
　　6.2　作业成本管理与标准成本相结合在宝钢的推
　　　　进思路…………………………………………（117）
　　6.3　运输作业成本推进案例分析……………………（118）
　　6.4　科研项目作业成本推进案例分析………………（121）
第7章　宝钢精益成本管理中的供应链成本管理研究
　　　　……………………………………………………（127）
　　7.1　建立基于供应链的宝钢物资采购成本控制……（129）
　　7.2　建立基于客户关系管理的宝钢成本改善………（130）

第8章　构建宝钢精益成本管理中的相关专项成本管理 …………（140）
8.1　建立宝钢特色的质量成本管理 …………………（140）
8.2　建立宝钢特色的事故成本管理 …………………（146）
8.3　建立宝钢特色的环境成本管理 …………………（148）
8.4　建立宝钢特色的人工成本管理 …………………（150）
8.5　建立宝钢特色的设计成本管理 …………………（153）
8.6　建立宝钢特有的生产组织成本管理 ……………（155）
8.7　建立宝钢特有的明细产品盈利能力管理系统
……………………………………………………（158）

第9章　精益成本管理探索——标准成本与阿米巴结合提升 EVA ……………………………………………（163）
9.1　阿米巴经营模式应用背景 ………………………（163）
9.2　阿米巴经营模式应用与创新的内涵及主要做法 ……………………………………………………（165）
9.3　阿米巴经营模式应用与创新的效果 ……………（185）

第10章　结论与展望 ……………………………………（187）
10.1　主要研究结论 ……………………………………（187）
10.2　未来研究展望 ……………………………………（189）

后　记 ……………………………………………………（191）
参考文献 …………………………………………………（195）

第1章 绪　论

1.1　精益成本管理研究背景和意义

产能过剩、微利时代需要通过精细化的成本管理来增加企业的盈利能力，供给侧改革也需要在供给端强化精益运营、精益成本管理，管理会计的春天正呼唤着精益成本管理的到来。

全球经济竞争越来越激烈，如何在竞争中谋生存，每个企业都在寻找提高经济效益、提升竞争力水平的良方。新的市场环境、经营环境和技术的不断进步，使成本管理在企业价值创造中的地位显得愈发重要。成本管理将企业在生产经营过程中发生的费用，通过预测、决策、核算、分析、控制、考核、审计、成本管理专题等一系列的科学管理工作，使其降低成本，提高企业的经济效益。然而，传统成本管理正经历着前所未有的变化，一方面外部环境的变革对成本管理提出新的挑战，包括成本管理的技术手段与方法不断更新、成本管理的应用范围不断拓展；另一方面内部管理的深化也对成本管理提出了新的要求。此外，成本管理方式和方法本身也在不断推陈出新。

1.1.1 外部环境变革对成本管理提出新的挑战

（1）产品寿命周期越来越短

随着消费者需求的多样化发展，企业的产品开发能力也在不断提高。目前，新产品的研制周期大大缩短，与之相对应的是产品的生命周期缩短、革新换代速度加快。由于产品在市场上存留时间大大缩短了，企业在产品开发和上市时间的活动余地也越来越小，给企业造成巨大压力。例如当今的计算机，几乎是一上市就已经过时了，就连消费者都有些应接不暇。

（2）产品品种种类日新月异

因消费者需求的多样化越来越突出，厂家为了更好地满足其要求，便不断地推出新的品种，从而引起了一轮又一轮的产品开发竞争，导致产品的品种种类成倍增长。尽管产品种类已非常丰富，但消费者在购买商品时仍感到很难称心如意。为了吸引用户，许多厂家不得不不断增加花色、品种。

（3）对交货期的要求越来越高

随着市场竞争的加剧，经济活动的节奏越来越快，其结果是每个企业都感到用户对时间方面的要求越来越高。这一变化的直接反映就是竞争主要因素的变化。用户不仅要求厂家要按期交货，而且要求的交货期越来越短。对于现在的厂家来说，市场机会几乎是稍纵即逝，留给企业思考和决策的时间极为有限。因此，缩短产品的开发和生产周期，在尽可能短的时间内满足用户要求，已成为当今所有管理者最为关注的问题之一。

(4) 对产品和服务的期望越来越高

用户已不满足于从市场上买到标准化生产的产品，他们希望得到按照自己要求定制的产品或服务。这些变化导致了产品生产方式革命性的变化。传统的标准化生产力是"一对多"的关系，然而，这种模式已不再能使企业继续获得利益。现在的企业必须具有根据每一个顾客的特别要求定制产品或服务的能力，即所谓的"一对一"定制化服务。企业为了能在新的环境下继续保持发展，纷纷转变生产管理模式、采取措施，从大量生产转向定制化大量生产。虽然个性化定制生产能高质量、低成本地快速响应客户要求，但是却对企业的运作模式提出了更高的要求。

1.1.2 现代制造技术对成本管理的影响

(1) 精益生产方式（LP）对成本管理的影响

源于日本丰田生产方式的精益生产，其基本目标是降低成本，实现这一目标的支撑技术是准时生产制（JIT）和自动化。精益生产的特征是：需求拉动生产、零库存、全面质量管理（TQC）。

改善与连续改善是精益生产的基础，通过改善与连续改善消除非价值作业和消灭浪费。这一思想与价值链、作业成本管理（Activity - Based Costing Management，ABCM）的观点是一致的，它们的作用对象都是"作业"（Activity）优化。作业成本管理使用作业成本的信息，其目的不仅是要使所销售的产品和服务合理化，更重要的是通过改变作业与过程从而提高生产力。

(2) MRPⅡ/ERP 对成本管理的影响

从 MRP 到 MRPⅡ，再到 ERP，企业管理的方式发生了巨大的变化。网络环境下的企业资源管理能对市场预测、物资采购、产品设计、生产、财务、销售、工程技术等各个管理环节进行一体化管理。MRP、MRPⅡ/ERP的基本思想是：围绕物料的转化组织制造资源，实现需要的时候生产必要的产品。在MRP/ERP环境下，企业的生产作业过程是通过各个工作中心来完成的。在生产作业过程中，物料经过每一个工作中心时都要发生费用，由于成本流与信息流保持同步，当物流发生时，信息流与成本流也同时发生，因此，MRPⅡ/ERP系统具有明显的过程成本管理与控制的特性。

（3）信息技术（IT）对成本管理的影响

随着近年来信息产业的飞速发展，管理信息化进程对现代企业管理的各项工作都产生了深远的影响，而其中对成本管理系统的影响是最重要的。因为企业只有在有效管理和控制成本的前提下，才会增加自己的竞争优势，实现企业的可持续发展战略。信息化使成本管理的内涵扩大到包括成本动因、成本避免、成本控制、成本节省、成本责任、成本分析为主要要素的现代成本管理系统。

（4）敏捷制造（AM）与虚拟企业（VE）对成本管理的影响

传统的成本管理的思路大多着眼于企业的内部，目标明确，但所涉及的范围比较狭窄，所设定的时间比较短，且事后反应较多。这些传统降低成本的方法通常也能起到成本管理的作用，但是，随着生产方式的进步，这些方法的效果往往不能令人满意。例如，采用经济批量等方法，单纯地从材料采购中降低成本，往往丧失了本企业与上游供应商相联盟的机会，而通过与供应商之间的联盟关系来降低成本对于企业来讲是非常重要的。因此，企业需要在更广阔的范围内进行成本管理。成本管理不只限于降低制造成本，应从供应链的各个环节上管理成本。

企业为了快速响应市场，在最短的时间内开发出市场接受的产品，提出了集成化的敏捷制造系统（AMS）。为了实现敏捷制造，进而形成了虚拟企业（VE）即动态联盟企业的组织形式。通过敏捷制造、供应链管理的思想实现企业内上下游公司之间的有效合作，抓住迅速变化的市场机遇，各企业发挥各自的核心专长，以求获得共同的收益。通过这种方式，可以迅速地集成必要的资源，对市场变化进行灵活、快速地反应。这种企业间的联合方式，在很大程度上以降低成本为目标，是在更大领域上进行的成本管理，是具有战略意义的成本管理。成本管理理论与方法是技术与管理相融合的产物，成本管理方法是多学科在交叉过程中产生并发展的过程，其本身就是一种创新活动。

成本管理理论与方法是在制造技术、工业工程等理论方法的交叉过程中不断发展的、一个渐进的过程。

1.1.3　成本计算与控制方法的变革

外部环境的变化使传统的成本计算方法和控制方法面临新的挑战。

（1）成本计算方法面临的挑战

外部环境的变化给成本计算体系带来了直接的影响，首先是作为成本计算方法基石的成本构成发生了根本变化，其次是由此带来的间接费分配问题陷入瓶颈。

就成本构成而言，一个最明显的趋势是直接人工费大幅减少、间接成本急剧增加。与此同时，间接成本对价值增值的作用大幅度增加。成本构成的另一变化是间接费用呈多样化剧增态势。

直接费用在产品成本中所占比重甚低，因此变动成本法已没有太大的意义了。同时也因为间接费用的比例甚高，故采用完全吸收成本法计算产品成本似乎成了必由之路，这就不可避免地涉及间接费用的分配问题。传统的间接费用是按与产量相关的直接人工时间或工资额标准进行分配,而直接人工作业趋减,且与巨额的间接费不存在相关性,所以间接费的分配方式成了成本管理人员关注的焦点。

可把影响传统成本核算结果真实性的原因概括为以下三个方面:第一,产品成本构成的变化,即间接费用占产品成本的比例,比例越高,真实性越差;第二,间接费用与产品数量(如产量、原材料消耗、直接人工等)的相关性,相关性越小,真实性越差;第三,产品数量特征(包括产量和大小)的差异,差异越大,真实性越差。

可以看出,在现代经营环境下,传统的成本核算方法不能真实地反映产品成本,以此为基础的相关决策会在一定程度上对企业的经营状况作出不准确的判断,甚至会导致决策失误。

(2)成本控制方法面临的挑战

传统的成本控制要对生产过程进行监控,并以差异分析的结果作为反馈信息纠正偏差使生产得以正常进行,但这种控制方式已经不能适应变化了的新情况而渐趋淘汰。主要原因分析如下:

第一,实体控制对象已经摆脱人为控制而直接受制于自动化机器。要控制成本,必须能够追踪处于生产流程中的实体,即在产品、半成品和产成品,要能对它们的投料、耗用机时等加以测定。但传统成本控制方法对在制品的控制则是很难的。

第二,对管理控制实绩进行考评的传统责任会计方法应予修改。传统责任会计是以人或者人的集合(部门)作为责任中心(成本中心)进行总体的成本控制的,因为人是作业主体。然而在现代竞争环境下,是以设备或加工单元作为成本中心的。

第三,成本控制目标不适应现代竞争环境的需要。传统的成本控制系统所隐含的目标是通过最大限度地避免成本这种价值牺牲的发生以求企业利润的最大化。但这种"最大化"的价值型定量目标却与现代竞争环境下,企业重视"顾客满足"(包括交货期、质量、售后服务等)这样的非价值型定量目标或定性目标不尽相符。

第四,成本控制领域狭窄。传统的成本控制还只是一种表层的控制,忽视了对企业内外部价值链的分析。

第五,缺乏动因分析与控制。传统的成本控制以"产品"为核心和起点,在传统的成本控制下,很可能造成成本降低、生产效率也降低,或成本被控制在预算或标准成本之内,而企业利润却减少的后果。传统的成本控制治"表"不治"本",不对成本的形成进行溯本求源的分析,尽管在成本降低方面付出了很大的努力,但都未寻求到根本途径,因而不可能真正降低或消除成本。

从上面的分析中可以看出,面临着经营环境的各种变革,传统的成本核算方法和成本控制方法已显得力不从心,呈现出种种弊端,突出表现为成本核算中产品成本的扭曲,以及成本控制对变化了的新情况的不适应。

本书就是想通过对成本管理新模式——精益成本管理的研究,构筑新的成本管理和控制方法,克服传统成本管理中出现的种种弊端,为现代经营环境下的成本管理奠定理论基础。

1.1.4 研究精益成本管理的意义

精益成本管理是经营环境变化的产物,管理方法和管理观念与传统的成本管理有较大的不同。精益成本管理在新的管理方式和管理观念的推动下,不仅在成本管理本身表现出巨大的开拓性,而且为企业带来了诸多方面的革新。

(1)研究精益成本管理的理论意义

①对传统成本管理的突破。

在构建精益成本管理时，并没有考虑完全脱离原有的成本管理模式，而是本着"扬弃"的科学态度，在构建的同时努力保持与原有模式的融合，在积极借鉴的基础上有较大突破。两者有着根本的不同，精益成本管理对传统成本管理的突破主要体现在以下几个方面：

第一，拓宽了传统的成本管理范围，体现了价值管理思想。传统的成本管理以产品为核心，就成本论成本，所提供的成本信息能够为企业的外部报表服务，却不能进行有效的内部控制。精益成本管理着眼于形成产品的过程中发生的作业成本，是伴随着作业管理的过程分析、作业分析以及动因分析进行的，是一种过程性成本管理。其结果不仅能够向管理者提供成本信息，而且能够提供有关的生产过程信息，能够帮助管理者进行有效的生产管理决策。精益成本管理与价值工程、工业工程、生产管理的有机结合，实现了成本的经济性与技术性的统一。另外，精益成本管理还将管理扩大到"价值管理"，其依据不仅包括成本信息，还包括作业质量、效率、时间等信息，不仅关心成本发生，更关心成本为何发生，从考察作业的价值着眼，对作业进行全面的控制管理。从这个意义上讲，精益成本管理不仅仅是单纯意义上的"成本管理"，而是含有"价值管理"思想的成本管理。

第二，精益成本管理拓宽了产品成本观念和控制范围。与传统的仅限于生产领域的产品成本概念相比，精益成本管理更新了成本观念，强化现代成本管理意识，并在一系列成本管理的体制、方法和手段上加以改进，对包括产品构想、开发、设计、制造、营销等过程中的成本以及包括消费者购入产品后发生的使用成本、废弃成本的产品全生命周期成本进行控制，建立了三层控制模型。毫无疑问，全生命周期成本涉及面更广、包含内容更多、更符合企业在生产经营中的成本发生。

第三,提供更详细、更准确的成本信息,改进企业的相关决策。传统的成本管理根据成本同产品产量的变动关系,简单地将成本性态区分为变动成本和固定成本。固定成本因不随产量变化而被认为也不随其他非产量因素变化。所以,在制定决策时,往往把那些不随产量变化却随非产量因素变化的成本作为非相关成本排除在外,因而导致错误的决策。另外,作业成本计算识别成本动因,依据成本动因分配成本,丰富了制造费用的分配基础,使产品成本信息更加真实,对产品定价决策也产生了重大影响。传统的成本计算往往使产量高的产品成本偏大,而使产量低的产品成本偏小,据此作出的产品定价同产品的实际成本有较大的偏差。依据作业成本计算提供的更准确的成本信息,使企业具有相对竞争优势,在竞争中处于主动地位,可以有策略地选择合适的时机,针对合适的产品进行产品价格调整,以获取更多的利润。此外,更准确的成本信息使企业的其他决策,如购置/租入决策、产品组合决策、产品资源耗用分配决策、投资决策等都有极大的改进。

第四,精益成本管理是全员参与的过程。精益成本管理的构筑过程中无时无刻不体现出全员参与的思想。首先,在分解目标成本时,通过向部门层层分解,最终分解到个人,使每个员工都分担一部分降低成本的责任,并享受保质保量完成目标的奖励,使责任与权利较好地得到了统一。其次,产品从构想、形成创意到设计、生产全过程,无时无刻都需要尽可能多的员工予以配合。成本管理系统是企业信息系统的一部分,与企业的评价系统、管理系统、技术系统、销售系统整合为一体,因而成本管理系统能够提供更加全面、客观、准确的成本信息,同时也扩大了成本信息的受益范围。成本信息不仅为会计部门使用,其他部门如生产、管理、销售、研发、采购、信息服务、人力资源等部门也频繁使用成本信息。精益成本管理是把降低成本当作每一个员工的事,而非只是财务人员的工作,这些成本降低活动都不仅仅只有财务人员参与。

②实现了价值控制与实体控制的有机结合。

传统的成本控制是一种对价值活动信息的控制,其特征是以价值信息为指标实施"惩罚"或"激励",其手段通常为传统的具有数理构造特征的管理会计方法。而面对当今经济现实,现代成本控制有必要扩展到对价值活动实体实质的控制。

③在协调环境的基础上设计环境。

管理控制必然会受到企业外部环境和内部环境(企业文化、规章制度和组织构造等)的影响,同时,也不应忽视管理控制能动地对环境施加影响力的方面。精益成本管理正是由于激变的环境而形成发展的。有效的成本控制方法必须在协调外部环境变化的同时,人为地设计和改造企业内部环境,使得控制目标更易顺利地得以达成。

精益成本管理的一个核心因素是要进行"合理化建议"、"自主管理",鼓励员工广泛参与有关产品构想、作业改进的各项活动,从各部门抽调人员组成一个跨部门的项目组,通过其成员的通力协作来开发新产品。

(2) 精益成本管理研究的现实意义

①促使企业树立新的企业观。

所谓新的企业观,就是把企业看作为最终满足顾客需要而设计的"一系列作业"的集合体,形成一个由此及彼、由内到外的作业链。

新的企业观强调了企业行为要满足顾客需求,实现顾客价值。这一观点充分反映了以"顾客满意"为导向的市场观念。在新的企业观下,企业对顾客需求有完整而清晰的理解,在激烈的竞争环境中,企业更注重长期目标的实现,从而抛弃追求短期经济效益的思路，能够从战略角度，采取系统的方法寻求顾客并实现顾客满意。

新的企业观把企业看成是一个"作业集合体"。企业中包含着许许多多作业，这些作业按照生产过程有机地结合在一起，为实现企业目标完成一定的任务。新的企业观将企业浓缩为"作业组合"模型，高度透视了企业的生产行为。若干作业按照因果关系组成作业链，各作业链之间相互平行、相互交错，形成一个立体的作业体。资源随着作业链，由一个作业转移到另一个作业。每一项作业是企业原料、人力、设备、信息、技术等资源的集合体。资源在转移过程中不断地增值，最终形成产品。作业是企业的单元，作业管理以"作业"为核心，进行过程分析、动因分析及作业分析，以实现顾客价值为标准，识别增值作业、低增值作业和非增值作业，采取措施改善低增值作业，消除或减少非增值作业，对于增值作业，则努力减少资源消耗，提高作业质量。

②导致企业更广泛的文化观念的革新。

新的企业观从"作业"角度重新认识企业。在新的企业观下发展起来的精益成本管理，是成本管理的一次重大发展。精益成本管理在企业的应用，引起企业更广泛的文化观念变革。

1.2 国内外研究文献综述

1.2.1 早期的成本理论发展历史

（1）中国古代成本理论的发展

古今中外，对成本理论的研究一直没有终止过。早在春秋战国时期，荀子就提出了费用的发生是为了取得收益的观点，如

《荀子·礼俗》中说："熟知夫费用之所以以养财也。"意即，你愿意支出费用是为了"养财"即取得更多的收益。同时，他在《周礼》中提出了严格核算、控制支出及会计周期的观点，如负责酒宴的酒正不仅年终要核算酒支出的数量，而且每日、每月度要进行核算，并将核算结果上报小宰。这可能就是会计核算周期的最初雏形。

魏晋时期的傅玄，提出了"节约用材、降低成本及工人素质的重要性"的思想，在《傅子》中有"径尺之帛，方寸之木，薄物也，非良工不能裁也。……夫构大厦者，先择匠然后简材。……大匠构屋，必大材为栋梁，小材为榱橑。苟有所中，尽寸之木无弃也。"他从一尺帛、一寸木的效用使用，导出生产中合理用材、降低成本的管理思想。他比喻"构大厦"和"构屋"必须做到物有"所中"，材尽其用，大材大用，小材小用，不浪费寸木。"良工""择匠"是指要做到合理用材，关键是在于择人，"非良工不能裁也""先择匠然后简材"提出了对工人素质的要求，"非良工"是不能做到"简材"的。

北宋著名科学家沈括提出了成本比较分析的观点。他在记述水法炼铜时说："信州铅山县有苦泉，流以为涧，挹其水熬之，则成胆矾，烹胆矾则成铜。"苦泉为制铜原料，即硫酸铜水溶液，蒸发后为胆矾，再加以提炼而成为铜。在当时，水法炼，工（成本）少利多，但苦泉有限。"古坑有水处为胆水，无水处为胆土，胆水浸铜，工（成本）少利多，其水有限；胆土煎铜，工（成本）多利少，其土无穷……胆水浸铜斤以钱五十为本；胆土煎铜斤以钱八十为本，比之矿铜，其利已厚。"沈括分析了水炼与土煎两种炼铜方法的利弊。

南宋李诫提出了成本核算中的劳动定额的思想。在《营造法式》这部建筑工程专著中，记述了工程成本计算的方法。在用料方面，要求区别新建、扩建和改建项目，分别计算用料。在用工方面，由于工种多，人工消耗的计量复杂，其发明了人工成本的简易计算方法，把所有不同工种完成的工作量以"功"为统一的计量单位进行核算，如运一担物资三十里为一功、挖屋基方八尺为一功、开掘墙基一百二十尺为一功等等，提出了最早的人工定额的思想。

元代的许元提出了消耗定额标准的做法。据《东轩笔谈》中记载："许元为发运判官，每患官舟多虚破钉鞠（指钉子一类造船的材料）之数，盖陷于水中，不可称盘，故得以为奸，一日，元至船场，命拽新造之舟，纵火焚之，火过，取其钉鞠称之，比所破才十分之一，自是立以为定额。"许元发觉，没有钉鞠消耗标准，破费太大，无法计量点数，"故得以为奸"。他采用烧船称钉的办法，得出实耗钉鞠为申请领用钉鞠的十分之一，并以此作为消耗的定额标准，以控制钉鞠的消耗。这就是著名的"尺船三千钉"的历史典故。

清代的南通实业家张謇提出了成本竞争的思想，张謇在办实业中对成本十分重视，他认为中国民族工业的商品与外国商品竞争，必须降低成本。"即各工厂制造等，非减轻成本，不足以敌外国进口之货"体现了提高成本竞争力，以降低成本来抵制外国商品的积极策略。

（2）早期成本理论在国外的发展

1750 年，英国学者 Wardhahgh Tompsoh 提出了分步成本计算的原形。他为他的亚麻制袜厂设计的存货、纺麻、漂白、染色、织袜、整理等步骤的记录，最后可计算出每双长筒袜的成本，被看成是分步成本计算的原形。

1777 年，英国学者 James Dodson 提出了分批成本计算的雏形。他为他的制鞋厂设计了一套成本记录方法，具有分批成本计算的雏形。

1804年，德国学者约翰·米夏埃尔·洛伊赫斯（Johann Michael Leuchs）提出了划分"直接费用"和"间接费用"的观点。他出版的《商业体系论》中以企业价值的流向为基础，对成本要素进行了系统的分类，并采用了"近的费用"和"远的费用"的概念，从而提出了"直接费用"和"间接费用"的划分。

1880年，泰罗在米德维尔钢铁公司进行试验，通过系统地研究和分析工人的操作方法和时间，在此基础上形成"泰罗制"的科学管理制度。泰罗通过对劳动时间、操作方法，甚至每个动作进行研究，对生产和耗费实行标准化管理。这种标准化管理不仅带来时间的节约和成本的降低，而且直接导致标准成本思想的形成，推动了成本会计的改革，于是，标准成本、预算控制和差异分析这些同泰罗标准化管理直接相联系的技术和方法被引进到会计中来。当时，标准成本只作为一种备忘记录，随时同账簿所记录的实际成本进行比较，到了1925年左右标准成本才纳入复式簿记体系，正式形成标准成本会计。

1906年，德国确定了实际成本核算制度。德国机械工业协会成立了研究成本核算问题的委员会，三年后该委员会在柏林发表了《机械厂的成本核算》的文件，规范了机械行业的成本核算制度。进而，经济制造委员会于1920年提出了《成本核算基本方案（草案）》，从而统一了成本核算方法和各种成本概念，对德国成本核算的成果进行系统总结，确定了实际成本核算制度。

1911年，美国学者G. 查特·哈里森（G. Charter Harrison）设计了第一套著名的健全的标准成本制度。1920年他发表了第一组成本差异分析的公式，使标准成本日臻完善。他指出："要计算成本，有两种截然不同的方法。第一种方法是在工作完成后计算成本的方法；第二种方法是在工作开始前计算成本的方法。前者是旧方法，现在仍然在大多数制造公司和维修公司采用；后者是新方法，已开始在一些大型工厂采用，其可行性和实际价值已被证明。"他比喻"标准成本是经营企业的航海罗盘，它反映出企业这只船每月的适当航程。"他把历史上的成本会计法（说明性的）和"新的成本会计法"（在工作开始前就得对成本作出估计的标准成本）加以区别，这种区分为建立标准成本提供了思想基础。

1913年，C. H. 斯科维尔（C. H. Scovell）建议应像分解浪费时间和停工时间的费用那样分解固定成本，以克服按项目比较实际成本和标准成本在产量波动时固定成本和变动成本被歪曲的情况，使差异分析更有意义。

1941年，美国会计大师埃里克·科勒（Erie Kohler）教授首先从理论和实践上研究、探讨了作业成本法计算。

20世纪50年代初，美国质量管理专家A. V. 菲根堡姆首次提出了质量成本的概念，从而标志质量成本的形成。

20世纪50年代末，日本丰田汽车公司提出和发展了成本企划。

20世纪60~70年代，美国密执根（Michigan）州立大学企管研究所的霍曼逊（Roger H. Hermanson）首先提出了人力资源价值与人力资源成本会计的问题。

20世纪70年代初，西方学者开始从财务会计的角度发展"资金成本"的理论，从而标志资金成本的形成。

1972年，联合国人类环境会议发表《人类环境宣言》，提出"污染者承担污染费用，国家应努力促进企业内部负担环境费用"，从而出现了环境成本。

面对新的经营环境，不少国家从不同侧面对传统的成本管理进行了修正，试图寻找一种更加有效的管理方法。在这方面，美国、日本和德国取得了一些较有代表性的成果。最近几年，我国在这一领域也进行了不少探讨，取得了一定的进展。

1.2.2 作业成本管理研究动态

作业成本管理（Activity-based Cost Management，ABCM）是美国成本管理的代表模式，是在作业成本计算（Activity-based Costing，ABC）的基础上发展起来的。

作业成本管理的渊源可追溯到20世纪70年代初期斯坦伯斯（George J. Staubus）教授的研究，在他具有开创性的著作《作业成本计算和投入产出会计》中首次提出了作业（Activity）和作业会计（Activity Accounting，AA）等相关概念，并较系统地阐述了从作业成本的财务处理到作业的投入产出控制等一系列方法。

到20世纪80年代，CIMS的兴起使得美国会计实务界普遍感受到产品成本信息与现实脱节甚远，被严重扭曲的成本信息随处可见。库铂（Robin Copper）和卡普兰（Robert S. Kaplan）注意到了这种情况，在经过一系列的案例分析后，借鉴斯坦伯斯的思想提出了"作业成本计算"（ABC）方法。

20世纪90年代后，欧洲和日本等也开始了这方面的研究，但从理论和实践上看，还是处在引进和消化阶段。不过，欧洲的企业特别是英国、芬兰等国的企业已试图采用作业成本管理，但日本尚没有采用该方法的计划。开发作业成本管理体系的最初目的是试图克服传统成本计算制度对成本的扭曲，后来，随着运用ABC方法的企业逐渐增多，发现ABC给企业成本管理提供了很好的基础。于是，利用ABC信息进行预算管理、生产管理、顾客的盈利性分析等作业成本管理实务纷纷涌现，这类颇具成效的方法受到了普遍的赞誉。

应该说，作业成本管理在成本核算方法上具有实质性的突破，在成本控制方法上虽引入了价值链的概念，但就其本质上讲仍属传统的成本控制体系。

1.2.3 成本企划研究动态

成本企划（Target Costing 或 Cost Design）是日本成本管理的代表模式，在当今的日本，谈到成本管理必谈成本企划，由此可见成本企划在日本的现代成本管理上所处的重要地位。

21世纪60年代以来，随着经营环境的不断变化，适时生产系统（Just-In-Time）尽管在相当程度上提高了现场管理的效率，但经济的严峻现实（如石油危机、泡沫经济的破灭等）迫使管理人员把目光从制造现场作更广的延伸，努力寻求事前控制的对象，后来这种思路渐渐成了一种成本控制方法，即日本的成本企划。

成本企划的鼻祖当推丰田汽车公司。丰田公司在1959年年末逐渐开始走向所谓"'成本企划'的体制"，"成本企划"这一术语首次出现。丰田公司在1962年开始导入成本企划的主要工具——价值工程（Value Engineering, VE）。在1963年则对企业员工明确提出了成本管理的三大支柱：成本维持、成本改善与成本企划。大约在1965年前后，首先在新型皇冠车开发的计划阶段，为了限制成本，以当时的车型成本管理责任者为主体进行了分析评估。1967年，丰田公司制定了"成本企划实施规则"，规定了成本企划的实施步骤及其责任部门，使其成为一种制度化的组织活动。约在1969年前后，在对皇冠车进行车型改造的同时逐渐形成了不仅包括公司在内且包括协作企业在内的一体化成本企划活动。1969年后的成本企划，则不仅在新车开发设计阶段实施，而且扩展到了以全部车种为对象确保目标利润实现的管理活动。

将成本企划的对象空间扩展到开发设计的前阶段，还是1973年第一次石油危机之后的事。当时的汽车业为满足政府制定的排气规则，成本大幅度上升，传统的成本管理对此根本无能为力，所以只能力求从改变设计上寻找突破口。

非装配企业运用成本企划则是在20世纪80年代后才出现的，这表明进入20世纪80年代后，成本企划具有大幅度降低成本的功效这一点已成为整个日本企业界的共识，在操作上，20世纪80年代后期也趋于更为成熟。

进入20世纪90年代，成本企划的思想对一些欧美国家产生了较大影响，不少学者开始从理论上进行研究，文献也比较详细介绍了成本企划的思想、方法和特点，并认为这是一种有着深厚日本文化特色的成本管理方法。有些日本学者也试图将成本企划的方法推向欧美，对欧美成本管理产生了较大影响。

成本企划本质上是一种成本控制方法，是确保目标成本得以实现的重要工具，其在成本核算方面没有新的考虑，实质上仍是采用传统的方法。这充分反映了日本成本管理的一大特点——重控制、轻核算。正像日本学者Toshiro Hiromoto所指出的那样，日本公司使用会计体系更主要地是为了激励职员采取与公司长期生产策略相一致的行为，而不是为了给高层管理当局提供有关成本、差异和利润的精确数据。

1.2.4 成本位置管理研究动态

成本位置管理是德国成本管理的代表模式，其核心是成本位置核算和成本控制。成本位置核算是基础，成本控制是目的。成本核算包括成本种类核算、成本位置核算和承担者核算。

成本种类核算的任务是：核算某一时期内，企业发生了哪些成本？各是多少？总量是多少？成本位置核算的任务是：核算某一时期内，各个成本位置发生了哪些成本？各是多少？成本位置核算是在成本种类核算的基础上完成的，通过企业核算矩阵把成本种类核算的结果分摊到相应的成本位置上，从而获得成本位置核算结果。成本承担者核算的任务是：核算某一时期内，企业发生了哪些成本？为谁发生的？各是多少？成本承担者具有双重任务，一是对每个效益单位的成本进行评价，二是对核算期内总生产成本进行评价。前者称为单位产品成本核算，后者称为企业经济效果核算。

成本核算的具体方法可分为两大类，即除法核算和追加核算。除法核算包括简单的除法核算、等效指数核算和联产品成本核算；追加核算包括累计追加核算和选择追加核算。成本位置核算是成本核算的重点，可以说是成本位置管理的核心。进行成本位置核算，首先要把整个企业分成若干个成本位置，成本位置覆盖了企业的所有领域，而且这些领域作为独立核算单位或核算领域，互相之间的界定必须十分明确。

为使成本位置清晰起见，企业的所有成本位置都要有一个固定的、属于自己的编号，并在成本位置目录中明确下来。成本位置核算需经三步才能完成：第一步是成本分配，有的成本可直接分配，而有的成本只能间接分配；第二步是成本分摊，可采用单向分摊或双向分摊法进行成本分摊；第三步是成本核算，包括间接成本核算率的确定和成本盈余或亏空的计算。

成本控制是在成本位置核算的基础上进行的，有完全成本控制和部分成本控制之分。不管是完全成本控制还是部分成本控制，都可具体分为三种情况，即平均成本控制、标准成本控制和计划成本控制。成本控制的运作方法一般是五个阶段，即确定比较基准、核算实际成本、确定成本差异、进行差异分析、差异处理。从总体上看，成本位置管理尚属传统成本管理体系，不过，在传统成本管理体系下，成本位置核算和成本控制表现出一定先进性。近年来，德国在改进现有成本管理系统的基础上正在进行CIMS环境下成本管理系统的开发以适应环境变化对成本管理的需要，但尚没取得实质性突破，也试图将价值链概念及方法用于成本管理，但目前仅处于引入阶段，可参考的文献还十分有限。

我国最早从事有关方面理论研究的当属以余绪缨为代表的一批会计理论家。1994年，他们在《当代财经》上发表了有关作业成本核算（ASC）和作业成本管理（ABCM）的首批文章，之后越来越多的人开始重视这方面的研究，并取得了一定进展。但是这些文献大都是对作业成本计算和作业成本管理的介绍和思考。在对上述研究进行了扩展，提出了事前、事中、事后三阶段控制，大量引入了日本的成本管理方法——成本企划，并对美日两大模式进行阐述和分析的基础上，他们提出了以维持、改进与革新三层控制为核心的"现代成本管理论"，特别是对成本控制方法做了相当多的思考。

从理论上看，我国在这方面的研究还比较缺乏，可参考的文献主要是对国外，尤其是美国和日本的方法或做法的介绍和分析，还没有提出或进行过精益成本管理的研究。在实践上，面对经营环境的变革，我国的一些有长远目光的企业也在努力寻找出路，针对本企业的实际情况，积极适应社会、经济的发展，探索出适合本企业发展的成本管理方法，取得可喜的成绩。邯郸钢铁总厂的成本管理方法就是在这些总结和探索的基础上形成的，是我国比较有代表性的成本管理方法。

众所周知，邯郸钢铁总厂1991～1997年七年间，以"模拟市场、成本否决"的经营管理方式，大大提高了生产效率。邯单钢铁总厂的成本管理方法的实质是"模拟市场、成本否决"。邯钢成本管理方法的成功之处在于：其一，通过市场来制定目标成本，所以能满足目标成本的产品生产出来后，几乎不用担心其销路，这样产品成本就能很快转化为价值，继而迅速投入再生产。其二，将目标成本层层分解、落实到人，一方面可从深层次挖掘潜力，最大程度地降低成本；另一方面，实行全员参与，使每个员工都分担一部分降低成本的责任，并享受完成目标的奖励，使责任和权利较好得到了统一。

1.2.5 战略成本管理研究动态

（1）国外战略成本管理理论研究的兴起与发展

战略成本管理最早于20世纪80年代由英国学者肯尼斯·西蒙兹（Kennet Simmonds）提出，他当时主要是从企业在市场中的竞争地位这一视角对战略管理会计进行探讨，所以仅仅对战略成本管理作了一些理论层面的探讨，认为战略成本管理就是"通过对企业自身以及竞争对手的有关成本资料进行分析，为管理者提供战略决策所需的信息"。

后来，美国哈佛商学院的迈克尔·波特教授在《竞争优势》和《竞争战略》两本书中为我们提出了运用价值链（纵向价值链、横向价值链、内部价值链）进行战略成本分析的一般方法。

美国管理会计学者杰克·桑克（Jack Shank）和戈文德瑞亚（Govindaya）等人接受了肯尼斯·西蒙兹提出的观点，并在迈克尔·波特研究成果的基础上，于1993年出版了《战略成本管理》一书，他们通过对成本信息在战略管理的四个阶段（战略的简单表述、战略的交流、战略的推行、战略的控制）所起的作用进行研究，将战略成本管理定义为"在战略管理的一个或多个阶段对成本信息的管理性运用"。该书构建并详细阐述了当今应用最为广泛的战略成本管理模式，使战略成本管理的理论方法更加具体化。其主要内容包括：战略价值链分析、战略定位分析、战略成本动因分析。这种战略成本管理模式得到了西方的专家、学者和企业界的普遍认可，并得到了广泛采用。

1995年，以托尼·格兰迪（Ton Grundy）为首的欧洲著名的克兰菲尔德（Cranfield）工商管理学院提出了一种战略管理模式，其特点是把战略成本管理的工具运用于问题的诊断以及提出具有争议性的选择方案，根据成本效益分析，对方案进行评估和规划，然后予以执行，通过对执行结果进行评价以及不断学习，开始新的循环过程。他认为战略成本管理工具应包括如下主要内容：竞争战略的制定；竞争对手分析和目标瞄准；行业分析；成本动因分析；评估组织面临的挑战，确定自身的目标。战略管理模式的实质是把战略成本管理作为企业制定竞争战略的工具以提高企业的竞争力。

1998年，一向推崇实施作业成本法的英国教授罗宾·库珀（Robin Gooperand）提出了以作业成本制度为核心的战略成本管理模式，这种模式的实质是在传统的成本管理体系中全面引入作业成本法，关注企业竞争地位的变化，从而构成一种战略管理会计系统。罗宾·库珀（Robin Gooperand）和雷金·斯拉莫德（Regin Slagmulder）提出战略成本管理旨在运用一系列成本管理方法来同时达到降低成本和加强战略位置的目的。

20世纪90年代以后，日本成本管理的理论界和企业界也开始加强对战略成本管理的研究，提出了具有代表意义的战略成本管理模式——成本企划。这种战略成本管理模式是一种"源流"管理，即从事物的最初点开始，实施充分透彻的分析，来减少或者消除非增值作业，使成本达到最低。其本质是一种对企业未来

的利润进行战略性管理的战术。这种战略成本管理模式的特点如下:

从成本管理的思路来看,从传统的生产现场转移到开发设计阶段,具有超前意识;从目标成本的确定来看,通过市场上消费者认可的售价,减去期望利润,倒推计算出目标成本,作为设计的依据,也就是说,在设计产品的同时,也设计产品的成本;从成本管理的方法技术看,不把成本看成是单纯的账簿产物,而是从工程学、技术领域去掌握、处理成本信息,以工程学的方法和技术对成本进行监控和管理。

综上所述,国外学者对于战略成本管理的研究是从20世纪80年代开始的,在20世纪90年代得到了快速发展,其研究的出发点是成本管理系统如何为新兴的企业战略管理服务,其研究成果主要表现为通过对成本管理视野和方法的拓宽来提供对战略决策有用的成本信息,其研究的目的是帮助企业确立竞争战略,并采取与企业竞争战略相配合的成本管理制度,使企业能在激烈的市场竞争中获胜。

(2) 我国战略成本管理研究现状

与国外对战略成本管理的研究相比,国内的研究处于起步阶段,这主要是因为我国企业战略管理的实践兴起较晚,没有为战略成本管理的研究提供现实的环境和平台。只有个别机构和学者对战略成本管理进行了探索性的研究,公开发表的专著和文章较少。西南财经大学《战略成本管理课题组》对战略成本管理进行了系统研究;夏宽云于2000年出版了专著《战略成本管理》,对战略成本管理的内容进行了全面系统的介绍;陈柯于2001年出版了专著《企业战略成本管理研究》,主要是从基本理论与应用理论两个层面对战略成本管理的理论与方法展开了系统研究。此外,各类期刊中还公开发表了一些关于战略成本管理的论文,这些成果在国内学者的研究中具有一定的前瞻性，但仅停留在探讨阶段。在研究方法上，国内学者多局限于理论层面的分析而没有将理论分析与实证研究结合起来进行综合考察，真正有理论根据的定性研究和规范的实证研究较少。

另外，中国对企业战略成本管理的研究严重滞后于战略成本管理的实践。例如，美菱集团通过实施"科技驱动型成本战略管理"，使得员工的成本意识进一步增强，并且各项成本明显降低，改革取得了初步成效。EPW厂（一家国有中型电器制造厂）为了使企业产品在市场上获得强大的竞争力，跳出了传统的以生产制造过程为重点的成本管理范围，应用战略成本管理原理指导成本管理工作，对LA产品开展市场需求分析、相关技术的发展分析，并在此基础上，研究LA产品的设计成本、供应商成本、顾客的使用成本和售后服务成本。这些企业在实施战略成本管理时主要是企业内部自己组织人员进行探讨，当然可能有专家学者的参与，但是由于对战略成本管理的内在逻辑，战略定位以及与供应链、战略联盟、外包等之间的关系问题缺乏长期深入的研究，所以，企业战略成本管理实践缺乏真正的科学理论的指导，同时也难以对企业的长期发展产生战略成本管理的推动力。因此，应该积极借鉴国外对企业战略成本管理的研究成果，结合中国的实际进行实证研究，以推动和促进中国战略成本管理的发展。根据对国外战略成本管理研究的了解和对国内战略成本管理现状的分析，21世纪中国战略成本管理的研究应该坚持理论研究与实证研究相结合、定性研究与定量研究相结合的原则。总之，战略成本管理研究的理论意义在于增强了成本管理工作的社会影响力，有助于现代成本管理理论和方法体系的完善；其实践意义在于对企业的可持续发展和竞争优势的获取提供了具有可操作性的理论框架。

综上所述，不难看出，有关新的成本管理方法的探讨自20世纪60年代就已经开始了。特别是近些年来，由于经营环境发生了诸多明显的变化，这些探讨更是加快了脚步，并取得了较大的进展，对成本管理的理论研究和实际工作起到了推动作用。然而，不管是作业成本管理、成本企划，还是成本位置管理、战略成本管理以及我国有关理论和实践研究成果，都只是对传统成本管理体系在某些方面进行了不同程度的修正，而且这些工作有明显的国家特色和背景，因此存在某些局限性。面向新的经营环境对传统成本管理体系作出全面系统改造的研究还没有，本书也正是要弥补这个空白。

1.3 精益成本管理研究目标、研究内容和拟解决的关键问题

1.3.1 研究目标

面对新的市场环境、经营环境和技术的不断进步，如何结合我国企业发展实际，运用先进的成本管理原理方法提高企业的竞争力，是当前迫在眉睫的任务。精益成本管理是一个履行控制能力的责任系统和价值创造系统，该系统融合了环境、组织和文化等因素，运用先进的成本管理方法，对业务过程实施有效的分层控制，它以超越于传统的视野有针对性地采用以维持、改善和革新为根本特征的控制方式，实现企业价值最大化。本书的主要研究目标在于，通过文献综述梳理和比较现代成本管理的基本理论和方法，着重对精益成本管理这一全方位、全过程的成本管理模式进行研究，以成本规划、成本改善和成本抑减为研究要素，对

精益成本管理的外延、成本核算和控制体系进行深入研究，在此基础上构建精益成本管理的理论框架，界定精益成本管理的基本概念及其构成要素，并结合宝钢以"6σ"为特征的精益生产、敏捷制造、质量管理、ERP和供应链管理的精益成本管理实践，通过对精益成本管理的成功应用案例——宝钢精益成本管理体系的运行进行系统的研究和分析，具体分析精益成本管理在促进宝钢综合竞争力提升方面所起的作用，以更好地对宝钢及大中型企业的成本管理实践进行指导。

1.3.2 研究内容

本书内容与结构安排如下：

第 1 章提出进行精益成本研究的背景和意义，指出研究目标、研究内容和拟解决的关键问题，并简要介绍精益成本管理研究的方法、技术路线，归纳本书进行精益成本研究的主要创新点。

第 2 章以企业环境变革与成本管理在企业竞争战略中的重要作用为研究视角，分析精益成本管理产生的紧迫性和必要性。

第 3 章在分析精益成本管理平台（精益生产）的基础上，界定了精益成本管理的内涵和外延，并研究了精益成本管理与传统成本管理的区别，进而归纳出精益成本管理的特征。

第 4 章从精益成本管理的基点、要素分析等角度，系统地研究了面向价值最大化的精益成本管理运作体系，在此基础上建立了精益成本管理的方法措施体系，并提出了实施精益成本管理的基本策略。

第 5 章从宝钢精益成本管理的演变过程出发，分析了宝钢精益成本管理的导向（为企业创造价值），在研究宝钢精益成本管理的基础上，建立了面向战略的、面向价值创造的宝钢精益成本管理运作机制。

第6章探索了在标准成本的基础上如何推进作业成本管理，分析作业成本管理在宝钢的推进思路，并通过运输作业成本、科研项目作业成本两个推进案例，探索宝钢精益成本管理的运作特点。

第7章研究宝钢精益成本管理中的供应链成本管理，建立基于供应链的物资采购成本控制、基于客户关系管理的成本改善。

第8章构建宝钢特色的精益成本管理中的相关专项成本，提出了宝钢质量成本管理的流程，对事故成本的精益管理进行了研究，对环境成本和人工成本分别进行了投入产出分析和指标对比，并构建了宝钢特色的设计成本管理和生产组织成本管理，构造出了面向价值创造的成本管理新模式。

第9章对精益成本管理探索——标准成本与阿米巴模式相结合提升EVA。

第10章总结全文，对进一步研究的方向和重点进行展望。

1.4 研究方法和技术路线

1.4.1 研究方法

本书在综合运用成本管理、管理会计以及管理学、系统工程、经济学等学科的理论和方法上，着重对精益成本管理这一全方位、全过程的成本管理模式进行研究，以成本规划、成本改善和成本抑减为研究要素，对精益成本管理的外延、成本核算和控制体系进行深入研究，并结合宝钢基于精益生产、质量管理、供应链管理的精益成本管理实践，运用计量经济学统计模型，建立宝钢精益成本管理应用成效分析模型，研究精益成本管理在宝钢企业管理中所起的作用。

1.4.2 技术路线

研究技术路线见图 1-1。

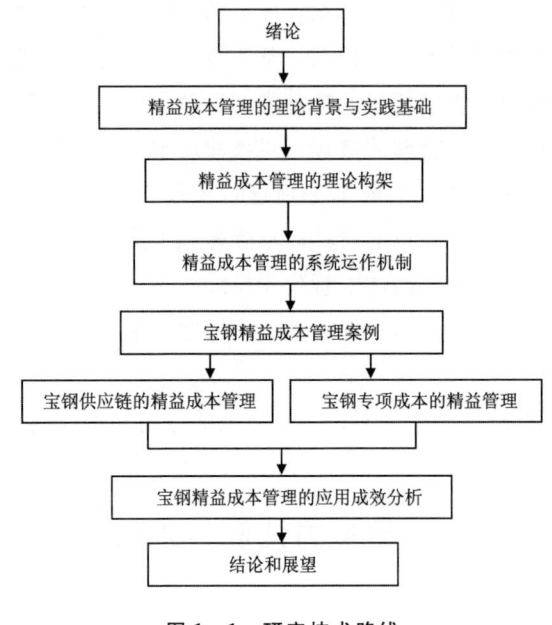

图 1-1 研究技术路线

1.5 主要创新点

（1）提出并研究了基于精益生产模式的全新的成本管理方法——精益成本管理。本书在比较精益成本管理与传统成本管理的差异的基础上，对精益成本管理的本质、基本特征及其构成要素进行研究，并指出精益成本管理的独特优势。

（2）本书从精益成本管理的基点、要素分析等角度，系统地研究了面向价值最大化的精益成本管理运作体系。在此基础上建立了精益成本管理的方法措施体系，并提出了实施精益成本管理的基本策略。

（3）本书所构建的宝钢精益成本管理创造性地将标准成本与作业成本相融合、将 BSC 与 EVA 相融合。在不同的成本中心灵活地采用不同的成本管理方法和手段，如标准成本、作业成本、质量成本、事故成本、环境成本、人工成本、设计成本、生产组织成本等，构造出了面向价值创造的成本管理新模式。

（4）精益成本管理成功地在宝钢进行了实践，取得了有益的经验，并获得"第十届国家级企业管理现代化创新成果"一等奖。宝钢的精益成本管理极具推广价值，尤其是对大中型企业有很强的理论指导意义和实践价值。

（5）引入阿米巴模式，点燃全员参与创造 EVA 的激情。在阿米巴模式的分析中引入标准成本分析思路，并从过程到结果采取价值树层层剥笋式分析，这是对阿米巴模式的丰富和发展。整合运用阿米巴模式、标准成本、价值树等管理会计工具，形成了具有中国特色的管理会计创新实践，达到了提升 EVA 的目的。

第2章 建立精益成本管理的紧迫性和必要性

2.1 钢铁企业成本管理模式创新的紧迫性

2000年以来的快速增长是在房地产以及随后的汽车等消费结构的升级推动下而发生的。产业结构中,第二产业比重上升较快,第一产业比重则不断下降,第三产业比重稳步上升。这个时期的显著特点,是包括能源、交通和通信设施在内的基础设施建设的加强,推动第二产业的比重继续上升。电力、钢铁、机械设备、汽车、造船、化工、电子、建材等工业成为国民经济成长的主要动力。究其内在原因,是长期存在的能源、交通、通信等产业"瓶颈"制约的矛盾最为突出,而经过十几年的迅速发展，我国又具备了解决上述矛盾的实力，随着能源、交通、通信基础设施建设的改进，带动了电力、运输车辆、建筑材料、钢铁、有色金属、石油化工和机械电子等产品和建筑业的需求，推动了第二产业的发展。

2005年全球经济仍处在新一轮上升期，经济发展保持增长势头，但增幅有所回落，总体上对全球钢铁工业发展有利。2005年是我国继续加强和改善宏观调控的关键一年，也是保持经济社会良好发展态势的重要的一年。国民经济发展呈现稳定较快增长，为中国钢铁工业的发展创造了良好的宏观条件。

从钢铁行业发展来看，2005年后的几年，我国汽车和房地产等消费热点的火爆拉动了对钢铁产品的需求，中国目前已发展成为全球最大的钢铁生产国、消费国和进口国。我国钢材消费的重点仍然是建筑业和工业，建筑是钢材消费第一大户，约占全部钢材消费量的55%；工业中机械行业钢材消费量最高，约占全部钢材消费量的15%；汽车、造船、铁道、石油、家电、集装箱六个行业占全部钢材消费量的10%以上，上述八大行业用钢消费量占全国钢材消费量的80%以上。这个时期，我国重工业的增长，改变了20世纪80年代以来始终低于轻工业增长的局面。自1999年重工业增速首次高出轻工业1个百分点以来，2000年重、轻工业增速之差一下提高到3.5个百分点，到2003年，这一特征更加明显，两者之差继续扩大，达到4个百分点。

虽然，我国钢铁工业快速发展，结构调整取得了很大成绩，但近几年来，钢铁工业结构调整的紧迫性进一步增强，压力也进一步增大。而且，与钢铁工业发达的国家相比，我国钢铁业粗放型特征明显，综合素质仍有较大差距。我国钢铁行业诸多结构性矛盾比较突出的一个重要方面，在于我国钢铁工业基本是在改革开放以前所建立的企业框架的基础上发展起来的，受当时的历史条件限制，绝大多数企业靠近原料产地，属资源内陆型布局。此外，我国钢铁工业布局城市型特征明显，全国除西藏外，每个省、自治区、直辖市都有钢铁企业。74家重点钢铁企业中有18家建在省会城市，有34家建在百万人口以上的大城市，这不但给城市环境容量造成很大压力，而且也制约了企业自身的发展。改革开放以前，钢铁企业主要集中在东北、华东和华北地区。改革开放以后，受国内资源不足和钢材市场需求变化的影响，我国钢铁工业发展重心逐渐向经济发展迅速、钢材需求旺盛和利用进口矿石方便的沿海地区转移，宝钢的建设就是例子。由于各种原因，我国经济增长的粗放型特征还很明显，单位GDP的能源消耗、污染排放均高于发达国家，水、土地、能源、矿产等资源不足的矛盾会越来越突出，生态建设和环境保护的问题愈发严重。发展循环经济是缓解资源约束矛盾的根本出路。钢铁行业是能源、水资源、矿石资源消耗大的资源密集型产业，同时又面临资源不足、环境污染的严重制约。

因此，全球范围内跨国公司兼并重组、构建战略联盟谋求扩大企业规模已成为当今钢铁业的发展趋势。近年来，世界钢铁工业结构调整步伐加快，发达国家钢铁企业间兼并重组与战略联盟势头迅猛。从同一国家或地区内部联盟势头迅猛，到由同一国家或地区内部向跨国延伸，已经形成了少数几个在全球范围内资源配置优化、生产规模巨大、产品竞争力更强的钢铁巨头，通过规模扩张和提高市场占有率来强化竞争力。

2015年我国钢材产品的需求量是7~8亿吨，总产能却超过了10亿吨。与钢铁产量上升相反的是，钢材价格一跌再跌，创20多年来最低。钢铁价格下跌是产能过剩矛盾的体现，现在的钢材价不如白菜价。随着房地产的各项调控政策和市场需求回归正常化，建筑业对于钢材产品的需求下降，而钢铁制造业供给能

第 2 章　建立精益成本管理的紧迫性和必要性

力强，一时间造成了供过于求的局面。这种供过于求的现状造成价格的大幅度下跌。为解决目前这一窘境，各钢铁制造企业不仅要积极配合市场需求去产能化，更重要的是在市场倒逼机制下主动进行产品结构调整、产业转型升级，从两方面化解产能过剩的问题。由此看来，产品结构升级迫在眉睫，为配合产品结构升级，企业的成本管理也亟待升级。

利润微薄，但是面对巨大的固定成本，钢铁企业只能继续生产，而产能进一步释放又造成产品价格下降，如此形成一种恶性循环。出口虽然成为解决国内供过于求现象的一种手段，但低价同质产品却面临着国外的反倾销指控的增多以及出口扶持政策的不稳定，因此这并不是解决根本问题的长久之计。原有产品的价格制定是否合理、新产品工艺流程设计与成本如何达到最优配置、产品结构如何优化以实现高效率成为当今钢铁企业成本管理和经营决策应当重点关注的问题。要想解决这些问题，利用传统的成本核算与控制显然是不够的，因此，要提升钢铁企业竞争力，必须变革现有钢铁企业成本管理模式。精益成本管理以客户价值增值为导向，融合精益采购、精益设计、精益生产、精益物流和精益服务技术，把精益管理思想与成本管理思想相结合，从采购、设计、生产和服务上全方位控制企业供应链成本，以达到企业供应链成本最优，从而使企业获得较强的竞争优势。推进精益成本管理有利于钢铁行业实现规模化生产，企业达到经济规模才能实现生产工艺、技术装备现代化和大型化，才能有效降低资源消耗，提高劳动生产率，降低环境污染，实现可持续发展。推进精益成本管理，有利于钢铁企业自主创新；有助于大型企业可以集中更多的资金和人力资源开发产品技术和市场，保持领先，占有更多的市场份额，主动地适应经济全球化的要求；有利于资源得到有效配置，统一原料采购和产品营销，降低营运成本，提高企业对市场的控制力，从而有利于我国钢铁工业由大到强的转变。只有拥有强势企业才能形成强势行业，才能建成具有国际竞争力的支柱产业。

正是由于国内外钢铁企业之间的激烈竞争，使宝钢意识到了成本管理模式创新的紧迫性。

2.2 精益成本管理模式产生的必要性

2.2.1 精益成本管理的产生

为了克服传统成本管理的不足，为了适应现代成本管理的潮流，为了满足宝钢精益生产管理的需要，为了适应新的竞争环境，本书构建了精益成本管理。

一个企业所具有的优势或劣势的显著性最终取决于企业在多大程度上能够对相对成本和歧异性有所作为，低成本成为衡量企业是否具有竞争优势的两个重要标准之一。加强成本管理以更有效地降低成本，在企业经营战略中已处于极其重要的核心地位，它从根本上决定着企业竞争力的强弱。

现代经济的发展、世界范围内的企业竞争，赋予了成本管理全新的含义。成本管理的目标不再由利润最大化这一短期性的直接动因决定，而是定位在更具广度和深度的战略层面上。从广度上看，已从企业内部的成本管理，发展到供应链成本管理；从深度上看，已从传统的成本管理，发展到精益成本管理。

现代企业面对瞬息万变的市场环境，既要求得生存，更要求得长期成长和发展。因此，成本管理目标必须定位在"客户满意"这一基点上，立足于为"客户创造价值"的目标观，已远远超越了传统的以利润或资产等价值量为唯一准绳的目标，它服务于确立企业竞争优势，以便形成长期有效的经营能力。

现代企业的竞争，不仅仅是产品或服务的竞争，已扩展到企业的整个供应链之间的较量。企业之间的竞争，实质上表现为企业供应链之间的竞争。企业供应链中的有关各方如供应商、制造工厂、分销商、客户等各环节的资源合理安排和有效利用，整个供应链成本低于相互竞争的其他供应链，该供应链具有较强的竞争能力，处于供应链上的各节点企业的成本随着供应链成本的优化而降低，那么企业的竞争力就会得到加强。

正因为如此，现代成本管理正在不断地向纵深发展，从单纯的成本计算发展到成本计算与成本控制相结合，由制造环节成本控制深入到流程再造，为追求价值创造、提升核心竞争力服务。综观成本管理制度与方法的每一次变革可以发现，企业环境的变迁是导致成本管理发展变化的主要原因。虽然，宝钢在近20年的成本管理实践中积累了丰富的经验，但是，随着当代高科技的发展及其在生产中的广泛应用、社会需求的重大变化、中国宏观经济的"新常态"等对宝钢生产组织的影响以及以金融市场为主导的国际经济一体化的不断发展，建设全球最具竞争力的钢铁企业、追求企业价值最大化的目标，必然要求宝钢成本管理进一步适应新的发展，以当代新的技术、经济条件为基础，以企业新的经营目标为核心，以服务于价值化管理为主旨，不断推进成本管理的创新。

精益成本管理模式的管理范围与作业成本的管理范围基本上一致，包括开发设计、制造、物流、销售以及销售阶段的合作、维护及至废弃的"全生命周期"，并且通过维持控制、改善控制和革新控制方式来进行成本管理。

精益成本管理这种管理模式的管理重点已经从传统的生产现

场转移到了产品的企划、构想与设计阶段。精益成本管理模式中的控制成本思路始终是围绕产品本身展开的。从开发构思产品、设计产品直至生产出产品都是如此。一直到了产品设计已经成型，马上要实施制造的阶段才会将产品拿去与市场可能接受的水平相比较，如果成本太高就回到设计阶段，通过作业分析来进行作业重构，进而控制成本，达到成本降低的目的。它先基于最可能赢得消费者认可的售价减去期望利润来计算目标成本，再运用"成本工程"的手段来确保生产的产品满足目标，这样生产出的产品市场适销的可能性会更高。精益成本管理最关键的因素是目标成本，也就是说在产品的企划与设计阶段就关注到将要制造的产品成本只允许是多少。成本是事先限定好的，制造过程实际消耗的成本乃至顾客的使用成本都不允许超过这一范围。所以我们可以得知，精益成本管理模式是更为强调市场导向的成本控制。

2.2.2 成本控制目标的变革

我们在讨论传统成本控制体系的缺陷时已经指出，现行成本控制体系的目的是通过最大限度地避免成本这种价值牺牲的发生以求得企业利润的最大化，因而目标过于片面，不能体现出现代企业长远发展的要求。现代成本管理尽管有紧盯市场需求、确定竞争优势这一总体目标，然而在微观层面的实施上都是针对不同的分支目标：成本统率战略或差别化战略。传统目标单纯避免成本牺牲的出发点未必能体现控制的终极要求。根据特定竞争的要求，有时要求以"成本—效益比"最高为目标准绳，有时则要求以暂时的、局部的损失或较次的"成本—效益比"来求得长远的发展。另外，目标未必都是以"××最大化"这类定量的形式，微观实施层面的分支目标可以既有定量的又有定性的，即便是定量目标也不一定是货币价值型的定量。例如，精益成本管理和成本企划都非常强调的一个目标"顾客满足"便包括信赖性、质量、交货期、合理的售价和售后服务等方面,其中包含了价值型定量目标(售价)、非价值型定量目标(交货期)和其他定性目标。可以看出,现代成本控制的目标可定性为"长期发展基础上的效果",而这种新的目标观已远远超越了传统的以利润或资产等价值量为唯一准绳的目标观。

2.2.3 成本控制对象的调整

传统成本控制把企业内部资金运动中的价值耗费当作控制的对象,但这种"资金运动"或"现金流动"是一种抽象物,它局限于企业内部的价值方面,而现代企业进行战略决策不仅要研究企业的内部条件,还要研究外部环境,如产品市场信息、竞争对手情况等。另外,现代的成本管理也不能局限于价值信息,甚至不能局限于经济信息,因为一些非价值方面的信息也会对企业战略管理产生重要影响。此类种种,使得新的经济环境下对抽象的"现金流动"的单一控制往往显得力不从心。

而精益成本管理则呈现出将抽象的"现金流动"与其实体依托——业务过程相结合的价值控制与实体控制并重的一体化控制趋势——将传统的产品成本管理的静态特征发展成为动态的业务过程的管理。在精益成本管理与成本企划中,动态的过程属性的思想特征本质上是一致的,但其展开方式与探求的本源却不尽相同。精益成本管理借鉴的就是价值链思想,它把作业(价值活动)视为取得竞争优势的"砖块",不仅考察这些砖块各自的功能,而且分析砖块与砖块之间在空间上的相互结合方式。

精益成本管理和成本企划摆脱了传统的对资金运动实施单一控制的局限性,而代之以业务过程的实体控制牵动资金运动的价值控制。

2.2.4 控制手段的创新

传统的成本管理体系以标准成本制定的成本预算含有预见未来发生事实的因素，但它不能视为预防型的控制。其基本的思想立足点仍是未来生产的即时执行，即它是现实生产的工具，因而是实时实地控制的典范。传统的其他成本控制方式也不例外，它们所采取的现实约束手段表明了它们控制范围的狭隘性。而以精益成本管理使得现代的成本管理成为一种适应环境的开放式管理，伴随着目标的扩充与对象的延伸，必然要求相应的实施控制范围的拓展。

我们认为精益成本管理和成本企划模式中均蕴含了三种控制视野：其一是"现实的视野"，即采取什么措施能使现实发生的成本得到约束，它与传统成本控制中的手段基本吻合；其二为"超前的视野"，这是以挖掘潜力为表征的控制视野，表现为预计到未来成本发生的可能态势和在未实施生产制造之前的超前控制方式；其三为"理想的视野"，它暂且抛开现实因素，也略去了生产控制可能遇到的问题，把所有现实行为因素收缩到最理想状态作纯粹的分析，这有利于对过程的源流达成无干扰的本源分析。将对象过程与控制视野的交汇作用加以分析，我们便可以对现代成本控制的构造有了一个更清晰的认识。

精益成本管理与成本企划的多样化手段汇集了一种全新的广义控制构造，该构造是由对象过程与控制范围两种要素交汇而成的，依不同层次的效果目标分别表现为现实控制、超前控制和理想控制。

但在这个控制体系的构造中，必须注意到，现实、超前与理想三层控制存在着既独立又协同的关系，尽管较高层次的控制覆盖面要比底层控制广，但对下游的远观并不能取代现实的下游控制行为，因而三者具有相对的独立性，同时三者又协同构成控制系统，共同为达到整体控制目标服务。

2.2.5　控制途径的拓展

传统的成本控制一般都认为"个体最佳则必然整体最佳"，在实际操作中将工作目标分解到各责任中心、各级组织甚至个人，期望通过控制每个个体绩效达到最佳以求企业整体绩效最佳，而忽视了这种做法的一个极大的负面影响，即割裂了各个部门、各个作业之间的有机联系，容易导致各个责任个体片面地追求单一的责任目标，而无视履行其他方面的责任，造成对企业整体目标的破坏。这样的后果在企业已是随处可见。

系统论的思想早有指出：个体最佳未必导致整体最佳。个体非最佳而达成整体最佳的例子在现实生活中倒是比比皆是。我们不是说控制个体的做法绝对要不得，而是认为这样的做法应该在一个统一的目标——整体最佳下来完成。企业管理可以从不同角度分解成不同的子系统，各个子系统从总体上来说目标是一致的，但有时也会产生矛盾。从战略角度来看，必须把企业管理作为一个整体来进行分析，只有整体的目标才是系统的最高目标，只有整体最佳才是最优的管理决策，现代成本管理必须根据上述要求，从整体上去分析和评价企业的战略管理活动。

精益成本管理所表现的正是这样的系统的思想，即由整体向个体推进。精益成本管理中对战略性成本动因的分析更是清楚地表明了这一点。在对战略成本动因进行分析时，总是先进行结构性动因分析，再进行执行性动因分析。结构性动因分析是战略的起始点，执行性动因分析是战略的实施，结构性动因分析为执行性动因分析指示了方向，只有经过结构性动因分析（如技术和规模），确定成本态势后，再在各个执行性动因分析（如工厂布局的效率性）上加大实施力度，做实质性推进，才能帮助企业确立竞争优势。没有经过结构性动因分析，执行性动因分析的实施便是盲目的，没有针对性，因而不能取得良好的效果。

分析至此，我们发现由成本控制范围的拓展并结合成本控制对象与目标的研究，延伸出了较传统更为广义、更有作用的、时空范围也大大拓宽了的现代成本控制构造。

我国企业面对着已发生并将继续发生巨大变化的经营内外部环境，若还继续沿用传统的管理观念、管理方法，势必会影响企业的发展，束缚企业腾飞的翅膀。借鉴国外现代成本管理的思想方法，结合我国的企业实际情况，寻求适合我国企业的现代成本管理模式是非常有现实意义的。

第3章
精益成本管理理论构架

3.1 精益成本管理的平台——精益生产

精益生产方式（Lean Production）是指以最小的资源耗费，创造最大价值的一种生产方式，也称为敏捷生产方式（Agile Production）或丰田生产方式（Toyota Production system）。精益生产方式是丰田公司开发的制造系统，它通过完全消除浪费、变化性和不灵活性，实现整个系统的最优化精简。这种生产方式是由美国麻省理工学院（MIT）在20世纪90年代提出的，其意强调排除生产中的一切不利因素，实现生产整体优化，消除生产过程中的种种浪费，使自己生产出来的产品尽善尽美、精益求精，做到无废品、零库存、无设备故障等，在降低产品成本的同时，维持产品的多样生产。

精益生产是以实现"零库存"为宗旨,减少资金积压,减少设计、物料控制、生产作业等过程中的种种浪费,避免停工待料、人员忙闲不均等现象,同时降低产品成本。

精益生产的核心是在为顾客提供满意的产品与服务的同时,把浪费降到最低的程度,也就是把成本降到最低程度。因此,精益生产的最终目标是消除一切浪费。浪费在人类生产和生活中无所不在、无时不有。曾任丰田公司社长的大野耐一举出七种常见的浪费现象:

(1)错误——提供有缺陷的产品或不满意服务。

(2)积压——因无需求造成的积压和多余的库存。

(3)过度加工——实际上不需要的加工和程序。

(4)多余的搬运——使物品不必要的移动。

(5)等候——因生产活动的上游不能按时交货或不能按时提供服务而等候。

(6)多余的运动——人员在工作中不必要的动作。

(7)提供顾客并不需要的服务和产品。

以上这些活动不产生任何价值,却要消耗资源。从精益生产出发,衡量一个企业活动的优劣,不是产品生产越多越好、工作越忙越好、零件加工精度越高越好、技术越高级越复杂越好,而归根结底是以满足顾客需求为唯一的衡量标准。这里,关键的是对"价值"定义的正确认识,所以研究精益生产要从正确的"价值"观念出发。

3.1.1 精益生产方式的基本特点

欧美企业界和学术界人士对精益生产方式进行了大量的研究之后,总结出了精益生产方式的基本特点,体现在以下几个方面:

（1）从顾客的角度确定产品服务的价值，即从顾客需求的角度出发，以顾客的眼光确定产品服务的价值。

（2）确定价值流。产品从概念到投产，从订货到发货，从原材料到用户手中的产成品实际上是价值流动的过程。

（3）让价值流流动起来，使其没有中断和迂回。价值的流动过程必须顺畅，才能避免由于这个过程的中断和反复而造成的浪费，如停机待料、缺陷品的返工等。

（4）让顾客拉动价值流。即由下序告知前序具体的需求，给前序下达生产的指令，也就是只在顾客需要的时候为顾客提供其所需要的数量和质量的产品服务。

（5）不断地追求尽善尽美。不断地降低成本、无废品、零库存与产品品种多样化是一种理想的目标。无止境地对尽善尽美的追求，是精益生产方式追求的目标。

从以上可以看出，精益生产的思想精髓就是在生产的各个环节中不断地消除浪费，从而达到降低成本、提高效能和效率的目的，最大限度地满足顾客特殊化、个性化的需求，使企业在激烈的竞争中立于不败之地。

3.1.2 精益生产方式的基本目标

精益生产方式是在流水生产方式上发展起来的，因此它具有流水生产的基本特征，即生产组织采用对象专业化形式，实行流水生产。但为了克服流水生产柔性低的缺点，在经营思想与操作方法上做了重大改进，具有自己的新特征。精益生产的基本思想可以用非常简练的一句话来概括：千方百计地减少一切不必要的活动，杜绝浪费。

（1）树立最高理想的"双零"奋斗目标——"零库存"和"零缺陷"

精益生产提倡积极进取，其对象非常明确，就是革除一切浪费。按照精益生产对浪费所下的定义，凡是不能增加产品价值的，都属于浪费的范畴。库存和废品是非常典型的浪费，这和传统生产运作管理允许一定的不合格品率、把库存简单地作为资产和累积价值的认识完全不同。精细生产以"零库存"和"零缺陷"为目标，这是一个最高标准，一种极限。有了这个尽善尽美、精益求精的标准，使得改进永无止境，生产运作系统日益强壮，竞争力不断提升。这也是精细生产被认为是一种理想的生产运作方式的原因之一。

（2）强化永不满足、永远改进的意识

为了实现"双零"目标，精益生产要求树立永远不满足于现状、永无休止进行改进的意识。只有这样，企业才能主动发现存在的各种问题，并找出其原因，提出针对性的改进措施。随着库存的每一次减少，企业各环节的运行和协调就要接受新的检验，这样便于找出薄弱环节，明确问题所在，并进行针对性的改进。按照这种循环递进方式，每降低一次库存，就会暴露和解决一些问题，在改进生产系统的同时，也向零库存的目标迈进了一步。

（3）"自律微调"，充分发挥每位员工的积极性

市场情况复杂多变，企业要提高自身的应变能力，仅依靠少数的决策者是不可能的。企业要具有一种"自律微调"的功能，每个岗位上的人都能根据实际情况，主动地及时地调整自己的作业。在组织上赋予作业小组一定的权力和责任，作业小组除了完成生产任务以外，还参与企业管理和各种改善活动。精益生产方式是靠全体员工的主动协调精神，支撑着整个管理体系，实现生产系统的柔性，可以说，作业小组是实行精益生产方式的基础。

（4）少人化管理

少人化是降低成本的重要手段之一。如果一项改进仅仅是使工作效率提高，人员没有减少，那么是不可取的，应该提高生产率并减少人员。

（5）由市场需求拉动的准时化生产方式

为了完全适应市场多品种需求，企业必须根据市场的需求来安排制造计划，要做到准时生产、及时满足，即市场需要什么产品就生产什么产品，需要多少就制造多少，不提前生产，不过量制造。

3.1.3 精益生产作业方式与传统作业方式的比较

在精益生产方式下，生产不是传统的大量生产方式下的推动系统，而是由最下游的顾客启动，以单件或极小批量，由后向前拉动价值流动的过程。这种方式体现在生产作业方式上，表现为从原材料到最终产品的连续流动过程，在物料的流动过程中，没有停滞、等待和回流。这一物料的流动过程与价值流流动增值的过程相吻合，材料流动的每一阶段都伴随着价值的增值，由于物料的流动过程完全受用户（下游工序）的拉动，没有停滞、等待和回流，所以，消耗的资源也就都用于了价值的增加，避免了不必要的浪费。按照精益生产方式进行的生产，通过采用看板等简单可靠的生产控制手段，生产的过程完全是小批量、连续流动的拉动式，即根据顾客的需求，由生产过程中的下工序向前工序拉动，下工序需要什么就做什么，需要多少就做多少，什么时候需要就什么时候做，每一工序的在制品数量与大批量生产相比，大幅度地降低。这样，使得原材料沿整个生产工艺流程，顺畅地被转化为最终产品，从而消除了在制品在生产过程中滞存和等待的现象。精益生产体系下的作业方式的核心内容就是实现准时化生产（JIT 生产），JIT 生产中最为典型的例子就是看板生产方式。

这样，一方面消除了同一工艺路线上由于各个设备的能力差别所造成的在制品积压现象，也消除了不同的工艺路线之间由于能力不平衡所造成的下游工序（特别是装配）的等待现象，在制品也减少到由工艺所决定的最低程度；另一方面，这种拉动的生产作业方式，可以大大地缩短产品的加工时间。

精益生产作业方式缩短了产品的生产周期，意味着对市场和用户的需求反应敏感程度的提高，生产以单件或小批量进行，会使在制品数量大幅度降低。若采用传统作业方式，按批量生产，会造成大量在制品堆积，增加企业的存货成本。

3.1.4 精益生产方式给传统成本控制带来的影响

在传统生产方式下，由于实行大批量生产，成本控制是按生产过程中的每一工序、每一设备、每个操作工分开单独考虑，认为每一机床、每一生产工人都应该也有可能连续不停地运转和工作，而没有考虑到整个过程的平衡。因此，按这种成本核算方法，只要每一工序、每台机床都大量、高速度完成同一种零部件，工序成本就会降低，从而造成整个产品成本也会降低的假象。

在精益生产方式下，由于实行小批量连续流动的生产方式，采用传统的成本控制方法，在通常情况下，会造成单件成本的上升，同时有可能导致生产率的下降，主要原因是按顾客的要求以小批量进行生产，要求各个工序频繁地更换所加工零件的品种，也就是说要频繁地对机床进行调整，机床调整时间上升，直接人工费用增加，同时设备的利用率有所下降。

实行精益生产方式，由于各种存货都有明显的下降，因此，成本控制观念发生变化，应当把成本控制的重点放在对制造成本总体的控制而不是个别成本。在成本控制的方式下，由于减少了对产品成本的记录，可以附加一些非财务评价指标，诸如生产周期时间、库存量、生产准备时间、质量等来评价企业的生产效果。

在传统的质量成本控制观念中，企业为了提高产品的质量，增加检验人员，增设检验岗位来达到去除缺陷品的目的。这些手段都会使企业的成本增加，因为检验人员和检验设备都是需要增加成本的。况且，检验工作属于非增值作业，只要有缺陷品出现，就会造成前面所列举的它所带来的各种成本的增加。而精益生产方式的零缺陷是实实在在的零缺陷，也就是说通过对采购和生产过程的控制，严格地从每一环节上杜绝缺陷品的产生，杜绝缺陷品沿工艺流程流动到下游的工序后所造成的缺陷叠加、机时和人工的浪费。在日本的丰田公司，任何生产线上的工人都有权力在缺陷品发生时将整个生产线停下来，目的就是不让任何一个缺陷品流入下道工序，直到问题解决后，才继续生产。

很多企业广泛地采用了统计控制方法，在自动化设备上设置防错装置，与供货商进行深入密切的合作，对员工进行质量培训等行之有效的措施，从根本上消除缺陷品。因此，现代企业的质量成本在不断降低的同时，重心正在向着缺陷预防成本倾斜。

管理人员在进行质量成本分析时，不仅要监视质量成本的绝对值的变化趋势，更要注意质量成本的构成比例，在总质量成本控制在合理水平的同时，尽量减少由于产品缺陷所造成的质量成本的产生。

一个精益的、柔性的、具有成本优势的企业，具备这样的实力：为客户提供出众的价值——最低的成本，最高的质量——六西格玛水平，快速的响应——最短的交货周期，生产、设计、采购和市场无缝连接。

简而言之，精益生产系统的核心哲学思想（精益思想，Lean thinking）就是用最经济的方式进行生产和制造。在客户需要的时候，按客户需要的量，使用最少的资源，生产、提供客户需要的产品。

精益生产认为，企业的很多活动不创造价值，应该通过各种方式，减少并降低在这些活动中的成本。消除浪费的关键在于识别浪费、分析问题、不断改进，从而消除浪费。

价值是一项财富、货物或服务。与价值概念相关、最核心的概念是"价值不是企业能控制的东西，它存在于顾客的心里"，"人们会把真正的价值归结于什么，是你不能命令或控制的"。因此，价值的附加是企业追求的目标，但不是企业可以"命令"或控制的。价值定义为质量除以价格。基于价值的管理是指满足顾客创造共享财富的概念。价值驱动的企业是一种在原材料转换成最终货物或服务中附加顾客观点效用的组织。

价值链指的是公司能够向顾客售出货物与服务附加价值而接受顾客支付的功能或职能。

价值流指的是创造、生产和将货物或服务提供给市场的流程过程。对于货物，价值流是由原材料供应、制造与装配和配送网络组成；服务的价值流是由供应商、支持技术与人、服务的生产者和配送渠道构成。通过简单的商务或服务业务网络可控制价值流。因此，应该把企业看作一系列相互关联、连续统一的完整的产品与服务生产与供应过程，它包括了所有相关的供应商和市场顾客群。

因此，价值流与供应链管理和客户关系管理密切相关，是企业商务运作的重大更新领域。譬如，在信息技术的支持下沃尔玛公司实现了零售业供应链成本的降低，其实质是建立了获取竞争优势的运作管理。

实施精益生产的关键是，理解和掌握丰田生产体系的相关理念和上述三条基本原理，认真地把丰田生产方式的基本概念、基本原理、适用的新技术和新管理同企业的顾客与资源条件融合，并落实于整个制造流程（过程）中，以形成企业独有、难于被竞争对手学习、模仿与窃取的竞争优势。

3.2 精益生产与企业价值

人们经常习惯地从企业角度来定义价值。产品生产出来了，为社会提供了服务，就认为是创造了价值。但是，单纯从制造者的角度是很难对价值作出准确定义的。价值的准确定义应该由最终的顾客确定，应该是在规定的时间内、以适宜的价格满足顾客需要的产品或服务。例如：我们经常可以看到一些"多功能"的产品，这种产品的成本和价格一般都很高。从制造企业的角度看，企业创造了含有"多功能"的产品，它的价值相对单功能产品的价值相应也应该高。但使用者是否需要这种"多功能"？大多数使用者常常只使用其中的一两种功能，这种"多功能"对大多数顾客来说是没有实际意义的，反而是一种浪费。有些工程师盲目追求产品结构的新颖、技术的复杂和精细，而很少想想顾客真正需要什么。如果我们仅从制造企业的角度来考虑价值，而单方面地追求高效率、使用高效设备、追求生产规模，这样，单件的制造成本似乎是降低了，但如果销售不出去，形成了大量的积压、库存，反而产生更大的浪费，更增大了整个企业的成本。因此，从长远的眼光看，顾客的需求才是支持企业赢得效益与发展的根本。因此，为每一种产品和每一种服务共同确定其价值，也就是调查和研究顾客的需求（包括质量、数量、供货时间），是精益生产的第一步。

3.2.1 价值流与精益企业

产生价值的所有活动过程，也就是所谓的价值流。企业产生价值的活动一般可以体现在三个典型的价值流上，即三项管理任务：

（1）产品流（或称解决问题的任务）——从概念设计、产品（或服务）设计、工程设计与建设，直到正式投产的过程。

（2）物资流（或称物质传输任务）——从原材料到到达顾客手中的物资传送加工过程。

（3）信息流（或称信息管理任务）——从顾客的订单、生产计划的安排到交货的过程。

价值流就是对具体规定的产品（或服务、产品与服务的组合），完成经营业务中的上述三项关键管理任务所有所需的具体活动。对每一个产品（或产品族）都要明确上述三个价值流，搞清价值流的每一个步骤和环节，并进行描述和分析之后，就会得出：

（1）产生价值；

（2）不产生价值，但目前尚不可避免（称一类浪费）；

（3）不产生价值，马上就可以避免（称二类浪费）。

企业做价值流分析，就会发现许多惊人的浪费。例如：在物资流分析中，会发现许多不必要的运输、过多的库存、材料的重复加热、重复的装卸等。经过统计还会发现真正用在创造价值的资源（包括人力、时间和空间）仅占全部的很小的一部分。在产品流分析中，会发现各相关设计环节严重脱节，产品设计和工艺设计、工厂设计部门分隔。在上游部门忙碌时，下游部门无事可做，一旦任务到来，就仓促上阵。由于产品与工艺的矛盾，带来许多反复和回流。我们还会发现大量时间浪费在等待开会讨论和领导作出决定上，真正从事研制开发的时间并不多等。在信息流分析中，会发现用户的订单不能及时到达计划部门，整车整机厂的计划也不能及时传递到零部件厂、材料厂等，生产计划及节拍不能按需求来进行，从而造成严重的产品积压或供货脱节现象，进而造成彼此之间流动资金的缺乏和三角债的形成。在分析价值流的时候，会发现产生浪费往往是由于传统的大批量生产和部门分隔的观念所造成的，它使得价值流被分隔成一个个相互隔离的"村落"，在每一个"村落"里都在以自己的大批量生产方式生产，并同时积压着大量的中间产品和资金。这种现象在服务行业和行政管理领域也普遍存在。因此，精益生产提出了为营造通畅的价值流渠道，消除"村落"观念，从而消除可能造成的浪费，建立一种涉及各有关方参与的连续生产（或服务）联合体，即精益企业（Lean Enterprise）。

精益企业并不一定都是实行人、财、物集中管理的法人机构，而更多的是一种跨法人实体的监控价值流的自愿的联盟，是一种紧密的协会式组织。它是一种崭新的企业与企业之间的关系模式，由此可使企业之间形成一种长期的、紧密的、互相信赖的、互利互惠的合作关系，可使企业及时交流信息，共同学习提高，共同提高竞争优势，获得持久的效益。

3.2.2　让价值流流动起来

精益生产提出：消除浪费的关键技巧，就是让价值流流动起来。也就是说：让完成某一项工作所需的步骤以最优的方式串联起来，形成无中断、无批量和无排队现象，无浪费的连续流动。

流动的具体办法，可以分成三个步骤：

（1）明确过程流动的目标，让价值流活动朝向明确的目标流动。这个目标归根结底就是顾客的需要。

（2）打破界限，把与价值流有关的组织、部门组成"精益企业"，及时清除流动的各种障碍。

（3）清除回流、报废、停顿等，使三个价值流连续地流动起来。

为了使产品流流动起来，针对每一种产品（或产品族）建立横向协调小组，该小组包括产品设计、制造、销售、供应、质量管理等有关部门的人员，授予这个小组充分的管理权限。他们可以在很短的时间内组织完成从确定顾客需求到产品设计—工程设计—采购—设备制造—试生产—投产的全部过程。采用质量功能展开（QFD）、基准确定（Bench marking）、同步工程等方法确定产品的目标，大大缩短产品开发周期。从实践表明，这样做可缩短一半的时间，减少一半的人员，并大大提高产品开发的成功率。

精益生产方式下，订单和生产、采购、销售计划统一由一个部门或联合职能工作小组编制执行（一般由电脑来实施），做到销售和生产计划均衡地进行。

3.2.3 让顾客拉动价值流

精益生产提出价值流的流动要靠下游来拉动，而不是靠上游来推动。简单地说，当下游顾客没有发出需要的指令时，上游的任何部分都不要去生产一个产品或完成一项服务，而当需求的指令发出后，则要快速地把产品生产出来或提供所需求的服务。顾客拉动，意味着根据顾客的要求提供产品和服务，而不是企业将产品推销给顾客。推销的这些产品往往并不是顾客所需要的或满意的。典型的拉动，在生产过程中还表现为任何一道生产指令，唯一的来源就是它的下游工序，实现了顾客拉动下的价值流的流动,意味着彻底消除各种浪费。不生产顾客不需要的产品,不提供顾客不需要的服务,没有积压,没有多余的库存,没有停顿和等待等等。

3.2.4 持续改进,追求完善

如上所述,从确定价值开始,分析价值流,并使之在顾客拉动下流动起来,七种类型的浪费便会暴露出来,从而把它们消除掉,这种过程是一种不断改进和完善的循环。每一次改进,消除一批浪费,形成新的价值流的流动,企业又会发现新的浪费存在,又需要继续进行改进。这种不断改进的思想和过程使成本一次次下降,生产预备期越来越短,生产转换时间不断缩短,产品质量不断提高,顾客从提出订单到接到满意的产品(或服务)的时间不断缩短,成本不断降低,企业的竞争能力也随之增强,社会资源的浪费降到最低水平。而这种持续改进的活动最重要的一条是要提高"透明度",要求企业的全体人员从参与中增进主人翁意识和对企业的了解,进而调动职工的工作热情和创造精神,鼓励职工发现创造价值与消除浪费的更好办法。

精益生产原理简单概括起来,就是价值—价值流—流动—拉动—完善。

(1)价值——从顾客的角度而不是企业、项目或部门的角度来确定什么是创造了价值,什么是没有创造价值。

(2)价值流——搞清设计、订货和生产产品(或服务、或两者的组合)的价值流的所有步骤,寻找出浪费的因素并消除之。

(3)流动——采取措施使价值流流动起来,并排除干扰、绕流、回流、等待和废品。

(4)拉动——使价值流的流动仅仅由顾客来拉动,而一旦需求发生，能迅速作出反应，及时供货。

（5）完善——持续地进行改进，不断地把发现的浪费消除掉，追求完善。

3.3 精益成本管理的内涵、外延

3.3.1 精益成本管理的内涵

精益意味着构建价值流来消除一切浪费（包括时间）。精益通常与精益生产联系起来，正如上文分析的那样，精益生产是指使得用于企业各种活动的一切所需资源达到最小，其宗旨是在整个供应链环节中杜绝一切浪费。精益生产的思想精髓就是在生产的各个环节中不断地消除浪费，从而达到降低成本、提高效能和效率的目的，最大限度地满足顾客特殊化、个性化的需求，使企业在激烈的竞争中立于不败之地。

把精益管理思想与成本管理思想相结合，就形成了全新的成本管理理念——精益成本管理。

精益成本管理是一个履行控制能力的责任系统和价值创造系统，该系统融合了环境、组织和文化等因素，运用运筹学、系统工程和电子计算机等各种科学技术成果，促使成本管理向着预测、决策和控制方面深化。它对业务过程实施有效的分层控制，以超越于传统的视野并有针对性地采用以维持、改善与革新为根本特征的控制方式，实现企业价值最大化。

精益成本管理是由成本规划、成本控制和成本改善三大支柱构成的，与生产过程管理一样，也是在逆向思维指导下，形成独特的、精益的、加法变减法的成本管理思想。精益成本管理把成本加利润等于售价的公式变成为：售价－利润＝成本，意即以用户市场上能接受的售价减去确保企业必要的利润等于只能用这些成本去制造。这样就把售价这个与用户的外在矛盾转化成降低成本的企业内部矛盾。这既是通过内部挖潜经营的主导方式，也是集约经营的方向，从成本决定售价到售价决定成本的转变，从而派生出一系列思维方法与管理体系的变革。

精益成本管理的构建是以为客户创造价值为前提，最大限度地满足客户个性化、多样化的需求；以供应链成本最小为目标，从而实现对整个企业供应链成本管理；以提高供应链效率为目的，使企业的竞争力不断增强。

从本质上看，精益成本管理是指从企业所处的竞争环境出发，使所研究制定的战略成本能够在企业竞争中获得全局、长远的成本优势。从公司经营层面来看，精益成本管理是一种全方位的、全面的、全过程的成本管理，其具体目标主要在降低成本的同时，充分发挥成本的效能，在成本管理中尽可能避免无效的成本耗费，使成本的效用得以最大限度的实现。精益成本管理思想的精髓就在于追求最小供应链成本。

3.3.2 精益成本管理的外延

从外延来看，精益成本管理包括精益采购成本管理、精益设计成本管理、精益生产成本管理、精益物流成本管理和精益服务技术成本管理。它从采购、设计、生产和服务上全方位控制企业供应链成本，以达到企业供应链成本最优，从而使企业获得较强的竞争优势。

精益生产的目标决定了精益成本管理的目标——质量是好的、成本是低的、品种是多的、时间是快的。精益成本管理不断追求增加企业的竞争力，这是系统的最高层次的目标。

精益成本管理是以客户价值增加为导向，实现整个供应链成本最小的成本管理新理念，它突破了传统的以利润为导向的成本管理模式。在后面的章节中，尤其是精益成本管理在宝钢的实践中会进行详细阐述。

3.3.3　实施精益成本管理的基本工具

随着经济的发展，科学技术的进步，产品生命周期的缩短，以及全球性竞争的加剧，自20世纪80年代以来，许多企业为适应新经济环境主动改变传统的成本管理理念，积极采用现代成本管理方法，如作业成本法、及时生产系统、零存货、全面质量管理、价值链分析、供应链管理等。这些现代成本管理方法的出现不但具有其必然性，并且它们也不是相互孤立的，而是相辅相成的，是紧密联系的有机统一体。

在高科技蓬勃发展的新形势下，随着计算机数控机床和人工智能工具、电脑辅助设备等高科技成果在生产活动中的广泛应用，企业的生产方式与产品成本管理方法已显示出许多根本性的变革。由于当前许多企业已从传统的劳动密集型生产转变为资本密集型与技术密集型生产，直接人工成本在总成本中的比例由20世纪70年代的40%下降到20世纪80年代的20%、20世纪末的10%。目前，在有些高科技制造业中直接人工成本已降到5%以下。同时，间接制造成本的比例大幅度提高，其成本构成内容也更复杂，这就要求成本会计人员必须更深入地了解间接制造成本产生的原因，即其成本动因，为管理提供适用的成本信息。

（1）价值链分析（The Value Chain Analysis，VCA）

在现代成本管理方法体系中，价值链分析是其必不可少的组成部分。价值链是用来描述企业在研究、开发、设计、生产、销售产品过程中，其作业与产品价值之间关系的一种方法。

在产品价值形成过程中，企业必须严格区分价值增值作业与价值不增值作业，应尽量减少价值不增值作业从而减少企业生产成本。例如，存货在企业生产活动中只起到有备无患的预防作用，它的存在并不能使企业产品价值增加，因此应尽量减少这种作业成本。半成品在企业生产部门的传送作业也不能使企业产品价值增加，应运用网络规划的科学方法合理布局企业的生产车间，来减少半成品传送作业，使其传送成本最小化。

（2）零存货与准时制生产（Zero Inventory and JIT Production，ZI&JIT）

由于存货管理是价值不增值作业，所以目前许多企业追求零存货，但是，零存货给企业产品生产带来很大风险，一旦供货商违约延时供货或所供材料有质量问题，这时给企业带来的损失是不可忽视的。因此，零存货的前提是必须要有良好合作关系的供货商与客户。与此相关的就是及时生产方法，在这种生产理念的指导下，企业只有在接到订单时，才准时生产，并且生产线上的各种生产部件都在下一个生产步骤需要时生产。这种生产方法要求企业不但能及时、有序地获得各种订单并开发设计产品，同时，也要求各种零部件高质量、高水准且生产工人的技能熟练程度也要达到极高。因为一旦一个生产环节出错，整个生产过程都要停下来。因此，在这种生产方式下，企业还要具有快速、灵活的应变能力，一旦出现故障或产生废品要及时处理。

（3）作业成本法（Activity - Based Costing，ABC）

作业成本法是以作业为管理基础，通过对作业成本动因的分析来计算产品生产成本，并为企业作业管理提供更相关、相对准确的成本信息的一种成本计算方法。作业是企业为提供一定量的产品或劳务所消耗的原材料、技术、方法和环境等的集合体，它是与产成品的独特性无关的重复执行的标准化方法和技术。企业每完成一项作业都要消耗一定的资源,而作业的产出又形成一定的价值转移到下一项作业,按此逐步转移,直到产品最终提供给企业外部的顾客。因此,企业的生产过程就是作业消耗资源和产品消耗作业的过程,同时又是价值的形成过程。然而并非所有的作业都是价值增加作业,作业成本法管理的目标就是最大限度地消除不增值作业,尽可能提高增值作业的运作效率,减少资源消耗,以至于最终减少成本。

运用作业成本管理的最大难度在于成本动因(Cost driver)的分析。成本动因是产生成本、费用的各种因素。由于企业产品不同、生产方式各异,成本、费用耗用资源的方式也各不相同,所以其成本动因也各不相同,因而其作业也不存在统一的标准,只能根据企业的具体情况具体分析,所以结合企业的生产过程准确地区分成本动因是作业成本法的关键。

(4) 全面质量管理(Total Quality Management,TQM)

全面质量管理被认为是20世纪末最重要的成本管理研究课题之一,它的核心是产品要全面满足顾客的需求。目前西方制造业管理理念是"质量是免费的(Quality is free)",也就是说高质量产品所获得的收益远大于产品出现质量问题获得的收益,因为产品出现质量问题如返修、销售退回等,要付出额外成本、大幅度冲减收益。其内涵就是"为顾客提供质量上零缺陷的产品是企业责无旁贷的义务"。对待质量问题,传统的成本效益分析一定要结合企业的长期利益进行运用,追求质量上零缺陷的产品是企业不顾一切代价要达到的目标,因为劣质产品或不合格产品在目前买方市场条件下意味着企业要失去顾客、失去市场占有份额,最终结果可想而知。全面质量管理的起点是应顾客的需求而设计产品,其终点是保证这种产品令顾客满意。

质量是指消费者对产品或服务满意的程度。追求质量当然要付出成本的,质量成本一般包括预防成本、检验成本、内部缺陷成本和外部缺陷成本,它们是企业为确保产品达到规定的质量水平而付出的费用。世界上许多成功的大公司如美国的福特汽车公司、英国的英国通讯公司、日本的富士和丰田公司等都把全面质量管理作为他们20世纪90年代取得巨大成功的最主要因素。

(5) 持续改进理论(Continuous Improvement,CI)

持续改进理论的关键是寻找基准点(Benchmarking),所谓基准点就是本企业或外企业生产某种产品的成本最低点。这种理论要求企业生产产品时要以基准点为目标,降低生产成本。企业应坚信"以前能做到的现在也能做到,别人能做到的我也能做到"。同时,基准点并非固定不变的,它是逐步降低、永无止境的。由于企业寻找基准点要参照同行企业的产品成本,因此这种理论要求行业性的参与,它能使企业之间相互促进竞争、共同降低成本。日本的汽车制造行业曾因广泛采用这种成本管理理念而持续降低成本,最终取得巨大成功。

(6) 约束理论(Theory of Constraints,TOC)

根据约束理论,每个企业至少应有一个"瓶颈(bottleneck)"约束企业生产。因此,约束理论的第一步是要寻找企业的"瓶颈"。现代企业产品生产系统由于要经过多步工序,而每道工序的工人技能熟练程度和机器设备的配置并不完全一致,这就导致了不同的工序有不同的生产能力,企业只需找到生产能力最小的工序(瓶颈),并想办法解决其矛盾来提高该工序的生产能力,就能最终提高整个企业的生产能力,从而能降低产品生产成本。企业坚持"约束理论",不断寻找企业的"瓶颈"并改进它,就能不断提高企业整体生产能力,降低生产成本,持续提高企业竞争力。

(7) 供应链管理 (Supply Chain Management, SCM)

供应链管理是竞争成本管理中的一个重要概念，它体现了动态成本管理的特性。面向顾客，将供应商、产品制造企业、运输业和分销公司等都视为创造顾客价值的实体，而每个企业既是链中某个企业产品的用户，又是另一个企业的供应商。优化的供应链管理借助于网络、信息技术及时满足顾客需求，在减少各环节之间延误的同时，达到最小库存、最小总成本以实现增值最大化。

上述现代管理理念与方法产生于同一社会经济背景下，因此在本质上是有共性的：价值链分析与作业成本法的目标都是减少非增值作业来降低成本；零存货与及时生产系统也是为了减少非增值作业而存在的；全面质量管理的起点和终点都是顾客第一，而价值链的起点（研究与开发）和终点（产品对顾客的价值）也是坚持这种理念，即"持续改进"与"约束理论"是贯穿于企业整个生产价值链的。因此来说，现代成本管理的本质核心是以最低成本提供令顾客满意的产品，并且这种体系是动态的，即企业要永远追求最低成本来满足顾客不断变化的需求。

由于各种现代成本管理方法在本质上是统一的，所以它们又是一个有机的统一体。价值链分析与作业成本管理是现代成本管理方法体系的基础，全面质量管理是目标，及时生产与零存货是手段，约束理论与持续改进理论是贯穿于企业价值链中的基本理念，并与价值链一起存在于企业成本管理的各个环节中。实施现代成本管理是一个复杂的系统工程，各种成本管理策略的安排，除了强调企业自身的价值链外，还需要通过"优化的供应链管理"，使其与供应商、经销商和最终顾客之间寻求合作，以获取竞争优势。精益成本管理流程见图 3-1。

第3章 精益成本管理理论构架

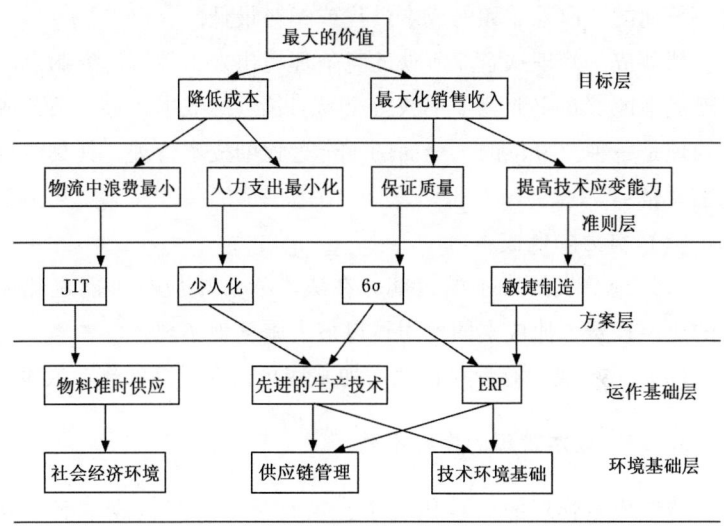

图3-1 精益成本管理流程图

3.4 精益成本管理与传统成本管理的区别

3.4.1 成本管理的目标不同

传统的成本管理主要是围绕企业利润最大化，以最大限度地降低产品成本为目标，其具体目标为：

（1）增加产量，提高劳动生产率，以规模生产来节省单位产品的固定成本。

（2）降低材料采购成本，严格控制材料等的采购买价；明确材料采购成本管理的目标是获取"成本优势"，寻求成本整体的、长期的、内外兼顾的成本最优或相对最低。

精益成本管理从企业所处的竞争环境出发，使所研究制定的战略成本能够在企业竞争中获得全局、长远的成本优势。精益成本管理是一种全方位的、全面的、全过程的成本管理，其具体目标主要是：

（1）努力降低成本。

（2）充分发挥成本的效能，在成本管理中应尽可能避免无效的成本耗费，使成本的效用得以最大限度地实现。

（3）适度地、有针对性地增加某些价值含量高的作业成本。

3.4.2 成本管理的内容不同

传统成本管理的内容比较窄，主要是围绕降低成本而展开的，具体包括：

（1）成本降低幅度的预测；

（2）成本降低计划的编制；

（3）标准成本制度的建立；

（4）成本的控制与分析评价等内容。

精益成本管理包括的内容相当广泛，主要包括：

（1）战略性成本分析。由企业价值链分析、成本动因分析和竞争优势分析构成。

（2）目标成本法。首先以竞争同行的销售价作为拟研制的新产品售价的上限，然后再按期望的销售数量决定利润目标，最后将预期售价减去利润目标即得产品的目标成本。目标成本确定后，以价值工程法去研究产品材料和服务成本机能间的关系，进而完成产品式样的变更以及生产方式的效率化设计，在预期产品品质、机能、信用度及交货期不变的情况下下达拟定的目标成本。

（3）产品生命周期成本法。产品生命周期成本是指从产品研究开发到提供顾客售后服务期间所发生的所有相关成本，包括研究发展、设计、生产、销售、分配和顾客服务等成本，将预期和实际成本加以比较，扩大控制成本的范围，并提早控制成本。

（4）平衡财务与非财务绩效表。该表弥补了传统财务报表的不足，将企业的战略目标转变为能够衡量的系统绩效评价方法。

3.4.3　适用环境不同

在提倡规模经济、大生产和流水作业的年代，产品比较单一，生命周期长，产品规格化程度高，顾客对产品的要求不高，企业管理思想深受泰罗的科学管理的影响。企业在这种环境中容易建立和实行标准制度，这个标准一旦在实践中被应用并被验证符合生产的实际要求就会在相当长的一段时期内保持不变，这使得基于"标准成本"的差异分析和责任成本制度的实行都有了依据并会对生产产生促进作用。

在劳动密集型的时代，产品先是完全依靠工人制造，以后主要由工人操作、机器生产，因此直接人工、直接材料在产品成本中占了相当大的比重。那时的生产与管理的复杂程度不高，成本又主要发生于生产阶段，所以成本管理以直接人工或其他与产量密切相关的标准作为分配间接费用的基础。

在市场竞争尚不十分激烈并且企业的生产系统各环节之间并未达到相互之间可进行完美接洽的市场环境与生产环境中，企业设定的标准属于"可达到标准"，即允许一些无效率存在，并视"理想标准"为难以达到。这样的"标准成本"管理的体系就能够让企业在一定程度上提高生产与工作效率，是与时代环境相适应的。

在人们只满足于大众化的产品和使用功能完备的产品的时代，企业只需重视在各个生产阶段中成本的累计和计算即可，成本控制也可局限于此。产品的成本主要发生在生产的各个阶段上，设计费用、销售与管理费用都相对较低。

科学技术革命有了巨大的突破，"仿真"技术和人工智能的研制，核能的发现和成功利用，三大合成材料"合成树脂、合成纤维、合成橡胶"的出现，以信息为中心的生物工程、光导纤维、电讯技术的兴起最终形成了以电子工业和大容量电子计算机为基础的生产自动化在很大程度上代替了人工劳动。也就是说，第三次技术革命促成了制造环境的质变，新制造环境的主要特色在于电脑一体化的制造系统的形成和应用。在这种情况下，产品成本结构已经发生变化，人工成本所占比例降低，间接费用比例大幅度提高。精益成本管理使管理深入进作业水平，以作业成本计算为中介，并贯穿始终。精益成本计算先将制造费用归属于每一作业，然后再由每一作业分配到产品中去，在"适时生产系统"的环境下，"零存货"产品成本与期间成本的差异即将消失，变动成本法与完全成本法的差异也即将消失。同时，精益成本计算以"作业"为中心，使得直接费用与间接费用的区分也失去以前那种重要性。这样在新的制造环境中，精益成本管理所提供的成本信息是比较客观、真实、准确的。20世纪80年代中期，跨国竞争日益激烈，市场环境变化多端，企业经营日趋复杂，企业的兴衰成败不仅取决于企业的生产和工作效率，而且更主要的是取决于正确地进行经营决策，所谓"管理的重心在经营，经营的重心在决策"，企业决策被放到了首位，以西蒙为代表的决策理论开始盛行。而精益成本管理为企业管理部门进行正确的决策提供了有用和可靠的信息，管理层可以从中获知产品成本从何而来、因何发生、是否合理、是否真实，从而据此作出正确的决策。

在高新技术环境下，产品生命周期缩短、富裕社会需求的多样化，都加速了生产方法的改进，不再适合贯彻标准成本制度，一定程度上限制了标准成本制度的功能。而精益成本管理以价值最大化为核心进行作业分析，以成本动因为基础进行成本控制，从而有效、持续地降低成本。作业管理以适时系统和全面质量管理为重点。在适时生产系统的管理中会避免员工去追求有利差异而产生不当的行为，并且差异报告已由中低管理层上升到企业整体或更高的管理阶层，在全面质量管理的情况下，设定了绝对完善的"理想标准"，不容许任何无效率存在，要求消除一切不能增加价值的不必要的作业。"理想标准"要求员工不断改进、迈向理想，只要员工确有改进之处企业即给予奖励。由此，使企业总是处于不断改进的环境之中。

在高新技术环境下，科技的发展日新月异；在富裕社会中，人们追求的是能表现个人特点、突出个性的产品，而不是经久耐用的产品。这就使得产品的生命周期日益短暂，而生产过程以外的产品生命周期成本却日益增加，而且其主要部分发生于产品生命周期之初。为适应这种情况，各生产阶段控制活动的重要性日益下降，成本控制的重点必须转移到产品设计阶段上来，重视产品生命周期成本的计量和报告，而精益成本管理所计量与报告的成本信息恰恰是将每项产品从其研究开发阶段开始至产品销售及售后服务的几个阶段，按每一阶段来累计其发生的成本，这样做才能全方位地进行成本控制。

3.4.4 成本管理的观念不同

传统的成本管理是一种追求短期利益的战术成本管理，局限于简单、狭窄的成本管理观念，以事后的成本分析为主，是一种静态成本管理，有很大的被动性。而精益成本管理坚持时空观、运动观和总体观等新观念，它注重时间上和空间上价值的获取，并谋求在时空变幻中确立最佳的竞争成本、取得最佳的经济效益。精益成本管理超越了一个会计期间的界限，从动态角度把握静态，在注重短期利益的同时，更关注企业的长期竞争优势，采用技术与经济结合等方式，从多方面寻求价值与功能的最佳结合点，保持企业成本领先的竞争优势。与此同时，精益成本管理还全面考虑各种潜在机会，分析各种机会成本，以增加企业的价值、提高企业的盈利。换言之，精益成本管理通过将企业战略局面与制造层面、企业成本的有形因素和无形因素等结合起来进行分析，全方位、完整地看待成本管理问题。

3.4.5 成本管理的对象不同

传统的成本管理主要以人工工时、人员工资以及原材料消费定额等为成本管理的对象，缺乏对环境的应变性，没有考虑风险对成本管理的重要影响等，而精益成本管理则注重开放型、竞争型的市场环境，注重行业的价值链、企业本身的价值链和竞争对手的价值链分析，结合市场环境从成本动因出发考察成本管理。

3.4.6 成本管理的环境与信息源不同

传统的成本管理主要是围绕降低成本进行管理与控制，其所面临的环境主要是企业内部因素，或者说是以内部环境为主兼及外部因素，而精益成本管理则是以外部和长期性为特征的，其所面临的更多是外部环境。面对激烈的竞争，精益成本管理者不仅关心企业的历史成本和利润，而且开始重视企业的未来收益及与未来收益相关的各种成本观念，如用于决策的机会成本、边际成本、成本责任、成本分析等新概念。此外,在成本信息的利用上,精益成本管理区别于传统的成本管理,它服务于战略管理,依据技术与经济的结合从微观上提供各种有用的战略成本信息,在宏观上,注重研究国家的成本方针与政策,把握各种有关的成本信息资料。此外,精益成本管理在提供价值信息的同时,还提供大量的非价值信息,譬如质量、需求量、市场占有率等重要非价值信息。

3.4.7 两种成本管理方式下的员工对企业的向心力不同

企业每一种员工都与成本直接相关,只有依靠全体员工的互相配合,共同努力,企业才能将成本置于真正的控制中,才能实现成本管理的目标。员工对企业的向心力对成本的影响具体可归结为两个方面:一方面是显性的成本,如物耗高、设备利用率低、废品率高;另一方面是隐性的成本,例如人员不团结、职工情绪低落、对企业漠不关心。传统的成本管理以会计可计量的、按照成本核算制度计算的成本为核心内容,以物治人;精益成本管理则重视人的因素,强调以人为本、以人治物,充分调动员工的积极性和创造力,提高员工对企业投入的向心力,从而达到充分降低成本、取得竞争优势的目的。

3.5 精益成本管理的特征

与现行成本管理相比,精益成本管理的特征体现在"全面"上,因此又被称为全面成本管理。具体来说,精益成本管理有以下特征:

一是成本概念的全面性——成本管理系统中包含产品成本与

作业成本、数量成本和质量成本、战略成本与短期成本；

二是成本目标的全局性——现行成本管理的目标是局部的，以降低成本为目标，而精益成本管理的目标与企业的战略目标是相一致的；

三是成本构成的全动因性——现行成本管理仅把料、工、费看成是成本的构成要素，而精益成本管理不仅包括料、工、费，还把时间、资源都考虑进去；

四是成本形成的全关系性——现行成本管理把成本、质量、时间看成是相互对立的因素，而精益成本管理则认为三者是相辅相成的，是一种递进关系；

五是成本计算的全方法——现行成本计算采用的是单一的以历史成本和权责发生制为原则的成本核算程序，而精益成本管理则基于多目标，利用决策支持系统，采用多种计算程序和口径进行计算；

六是成本管理的全过程性——现行成本管理系统实质是一种只注重结果的信息管理，而精益成本管理则强调过程管理。

精益成本管理是高科技、新市场需求和现代管理三者综合作用下的必然产物，它代表着企业成本管理思想和方法的发展方向，目前尚处在构造阶段，正在逐步形成体系。随着精益成本管理不断发展与完善，它将会给现代成本管理带来新的变革。随着市场经济的不断发展，对现代成本管理的理论和方法的研究也在不断深化之中，各种新的理论和方法也会不断涌现。但是，在学习先进理论和方法、借鉴国外经验时，必须注意与我国的国情相结合。只有通过这种结合，并结合实际，将各种方法融会贯通、交叉使用，才能创造出具有中国特色的适应社会主义市场经济的现代成本管理方法，才能使我国的企业不断加强成本管理，不断提高企业的经济效益。

第4章
构建精益成本管理的系统运作机制

4.1 精益成本管理的基点

4.1.1 资源配置观——作业成本管理

作业管理（ABM）是一种全系统范围的、一体化的管理方法，它将管理重心放在作业上，并以提高顾客价值和利润（因提供该价值而取得）为目标。作业管理包括产品成本计算和过程价值分析。这样，作业管理模型就有两个维量：成本维量和过程维量。成本维量提供关于资源、作业、产品和顾客（以及其他可能有用的成本对象）的成本信息。正如该模型所揭示的，将资源的成本追溯到作业，然后将作业成本分配给产品和顾客，这种作业成本维量有助于产品成本计算、战略成本管理及战术性分析。第二个维量——过程维量，则提供了有关执行什么作业、为什么要执行这些作业及执行得怎么样等信息。这一维量提供了进行及考核持续改善的能力。

4.1.2 产品成本的精益管理

精益生产方式的利润经营是以成本管理为核心，是由成本规划、成本控制和成本改善三大支柱所构成的。与生产过程管理一样，也是在逆向思维指导下，形成独特的、精益的、加法变减法的成本管理思想。企业以盈利为目的，以往企业都是采用产品成本加上适当的利润来确定售价，以保成本和利润。这是一种把高成本和一定利润转嫁给用户的做法，在激烈的市场竞争下，会降低产品的竞争力。精益成本管理把成本加利润等于售价的公式变成为：售价－利润＝成本，这叫成本减法公式。表面看来这公式没什么变化，然而实质却是一种成本管理指导思想的变革。上述减法公式用文字来说就是：以用户市场上能接受的售价减去确保企业必要的利润等于只能用这些成本去制造。这样就把售价这个与用户的外在矛盾转化成降低成本的企业内部矛盾，这既是通过内部挖潜经营的主导方式，也是集约经营的方向。从成本决定售价到售价决定成本的转变，可以派生出一系列思维方法与管理体系的变革。

4.2 精益成本管理要素分析

精益成本管理环节由成本规划、成本改善和成本抑减三要素组成。

4.2.1 成本规划

成本规划是指产品开发过程中进行的降低成本活动,也叫新产品目标成本控制。

精益生产之所以把成本控制的重点首先放在产品开发阶段,并把它看成是决定企业竞争成败的关键,一是因为产品开发设计阶段决定了产品成本的80%。在成本的结构上,开发费用只占整个产品成本的5%;在成本控制的效果上,开发阶段占70%,其他阶段只占30%。二是因为传统成本管理工作把重点放在产品制造过程的各种消耗和费用控制上,对新产品目标成本几乎无人问津。三是因为目前企业内部组织层次多、分工细,造成设计部门只管设计不过问成本,设计人员往往只注重产品的性能指标,不关心成本的多少、售价高低,认为这是计划、财务和销售部门的事,因此造成产品投产后不久就要进行设计改进,致使企业为了确保产品性能和经济性再做第二次生产准备,不仅给组织生产带来了困难,也会给企业造成新的浪费。因此,精益成本管理提倡使用好成本中5%的开发费用,控制住80%的成本,确保产品设计的经济合理性和先进性,这是很划算的。

成本规划工作贯穿产品开发的全过程,一般要经过以下几个程序:

(1) 在确定新产品开发任务的同时规定新产品的目标成本。

(2) 将目标成本按照产品结构分解落实到产品的总成和零件。

(3) 在产品开发的各个阶段对目标成本实际达到的水平进行预测和对比分析。

(4) 根据分析对比中发现的问题,通过采用价值分析的方法,研究和采用降低成本措施。

新产品的目标成本控制一般采用并行工程的方法与开发设计工作结合起来进行。目前许多企业采用项目组的形式推进此项工作，由项目负责人全权负责，这在日本叫主查制（在我国也叫项目经理制）。项目负责人带领设计技术人员参与新产品目标成本控制，企业的成本控制部门也要派员参加工作小组，负责成本控制的业务指导和汇总工作。

4.2.2 成本改善

成本改善是企业在生产制造领域进行的降低成本活动，是与成本控制紧密结合的。

精益成本管理对传统成本管理中的计划、控制、核算和分析四个过程做了改进，把维持上年度实际水平的控制活动称之为成本控制，把低于实际水平的成本降低活动称之为成本改善，将成本改善从成本管理中突出出来，体现出成本管理工作的深度和广度，这比传统生产方式能更大限度地降低成本。

成本改善通过彻底排除生产制造过程的各种浪费达到降低成本的目的。生产过程中存在着各种各样的浪费，可以分为四个等级：一级浪费是指存在着过剩的生产要素，如过多的人、设备和库存，它导致过多的工资、折旧和利息支出；二级浪费是指制造过多或过多地提前（精益生产不提倡超前完成任务，而强调适时适量）；三级浪费是指在制品过多；四级浪费是指多余的搬运、多余的仓库管理、多余的质量维持等。

从这四级看，每一级都比下一级更加综合、更加重要。控制住第二级生产过多或过于提前，就可以减少第三级、第四级浪费。

在生产制造过程中，通过改善管理技术降低成本是精益生产方式的一大创举。制造产品有两种技术，一种是生产技术，也叫固有技术；另一种是管理技术，是指能够熟练掌握、使用现有人员、设备、材料、零件和环境的技术,又称为制造技术。例如,许多企业在生产管理上采用的"准时化生产"就是一项综合性的生产管理技术。许多生产条件、规模相同的企业,因管理技术上的差异而效益不同。我们可以经常遇到这样的情况,一些靠引进先进技术建设起来的工厂、车间或生产线,由于没有先进的管理技术,生产效率和经济效益就长期体现不出来,可见通过改善管理技术(制造技术)降低成本是成本改善的主要途径之一。

4.2.3 成本抑减

企业成本抑减是企业运用计划或预算和行之有效的处理方法,从消除浪费、挖掘潜力、增加生产能力、提高工作效率、以有效支出代替无效支出等方面进行考察和评价,达到提高生产效率、降低生产成本的目的的一种成本管理方法。与成本控制相比较,成本抑减不但具有成本控制的一般属性,而且有如下区别:

(1)目的不同

企业成本控制的目的是将成本费用支出限制在事先确定的范围之内,以保证目前成本费用标准的维持和成本目标的实现,而企业成本抑减的目的是减少损失、消除浪费,运用建设性方法,在指定范围内不断地改进目前成本费用支出标准来降低成本。

(2)范围不同

企业成本控制的范围是预先有开支标准或限额的成本费用支出项目,即以成本费用计划或预算所列支的项目为限,而企业成本抑减的范围是不受任何限制的,遍及企业的策划、作业管理、服务管理等各层次、各方面的工作,为企业的长期持续盈利提供根据。精益成本管理以长期成本削减为目标,通过与技术、人力资源和管理策略的融合,为企业提供一条长期削减成本的途径。精益成本管理有效地运用专业技术知识对资源、成本、盈利和风险进行规划和管理，通过对企业的所有资源和耗用这些资源的活动进行管理，寻找成本不断改进的机会，并监控企业不断朝此目标发展。

总之，企业要想在市场竞争中立于不败之地，把握住成本规划、成本改善和成本控制三者之间的关系是非常重要的：

①对于新产品，成本规划是关键，这个基础打好了，成本改善的工作量就可以减少，成本控制目标就容易实现。

②对于已定型的产品，则应该把管理的重点放在成本改善上；

③对生命周期处于衰退期将要退出市场的产品，管理的重点在成本控制上。做到上述几点，企业就能在成本环节有效地推行精益管理。

4.3 建立精益成本管理的方法措施体系

精益成本管理的方法措施体系在内容上包括精益成本分析体系、精益成本管理的战略方法措施体系、精益成本管理保障措施体系三个方面。

4.3.1 精益成本分析体系

为了获取成本优势，实现精益成本管理的目标，要建立起精益成本管理的分析方法体系。这个方法体系以成本管理的外部环境、企业内部条件和竞争态势分析为基础展开，通过这些分析，揭示企业的相对成本地位、描述可资利用的外部机会和内部优势、提示企业可能面临的威胁和存在的弱点、明确企业成本管理的重点内容。

按照这一思路，精益成本分析的内容包括三个方面：

（1）影响企业成本的环境分析。该分析包括宏观环境分析和产业环境分析，其主要目的是揭示企业在成本方面面临的机会与威胁。

（2）企业内部条件分析。该分析的目的在于揭示企业成本方面的优势与弱点。

（3）竞争对手成本分析。该分析的主要目的是分析竞争对手的成本及其战略，以确定企业和竞争对手的相对成本地位，以便企业采取相应的竞争措施。

精益成本分析方法主要包括四个：

（1）优势—弱点—机会—威胁（Strengths – Weaknesses – Opportunity – Threats，SWOT）分析。该分析方法的基本思路是，通过揭示企业在成本方面面临的机会与威胁、优势与弱点，将外部的机会、威胁与企业内部的优势、弱点匹配起来，形成不同的战略，使成本管理能够发挥优势、抓住机会、克服弱点、回避威胁，为企业取得成本优势和竞争优势奠定基础。

（2）价值链分析和成本动因分析。价值链分析的任务就是要确定企业的价值链，明确各价值活动之间的联系，提高企业创造价值的效率，增加企业降低成本的可能性，为企业取得成本优势和竞争优势提供条件。价值链并不是一些独立活动的简单集合，而是相互依存的活动构成的一个有机整体，价值活动是由价值链的内部的"联系（linkage）"连接起来的，改变价值活动之间的联系可以改变价值活动之间的关系，从而改变成本，进而影响到企业的成本地位和竞争优势。价值链分析为进行成本分析、实施成本控制提供了基础。成本作为价值创造过程中的一种代价，其分析只能放在与价值创造有关的活动之中进行。成本动因是引起一项活动的成本发生和变化的原因。成本是多重成本动因共同作用的结果,没有一种成本动因是企业成本地位的唯一决定因素,各相关成本动因结合起来可以决定一种既定活动的成本。成本动因或多或少能够置于企业控制之下,控制成本不是控制成本本身,而是控制引起成本发生和变化的原因。识别和分析成本动因有助于认识企业相对成本地位及其形成和变化的原因,为强化成本控制提供了有效途径。

(3) 成本优势分析与标杆分析(Benchmarking)。取得成本优势和竞争优势,有赖于对竞争态势和竞争对手的分析,通过这种分析,揭示竞争对手的价值链、其所采用的基本战略和其降低成本的战略措施,以此明确企业的相对成本地位和企业应该采取的成本改进措施等。可资利用的分析方法有竞争对手价值链分析和标杆分析。

(4) 成本抉择关系分析。成本是多重成本动因共同作用的结果,没有一种成本动因会成为企业成本地位的唯一决定因素。成本管理中,涉及诸多的相互对立、相互冲突的成本动因,一项成本管理措施的实施往往会引起不同方面的成本发生反向变化。同时成本关联到质量、效率、产品价格等因素,这些错综复杂关系的存在,使成本管理面临一系列的抉择关系分析。抉择关系(Trade – off)是指在欲获得的相互对立的事物中保持可以接受的平衡。成本抉择关系是指特定成本动因、措施和方法变动所引起的不同方面成本之间的反向变化关系,以及成本变动与收益变动之间的关系。为了避免采用相互矛盾的措施,成本管理要进行成本抉择关系分析,揭示成本之间、成本与关联因素之间的变动关系。在成本与质量、效率、竞争等关联因素之间作出抉择是精益成本管理的核心工作之一。概括起来,成本抉择关系分析主要包括成本与质量抉择关系分析、成本与效率抉择关系分析、成本与竞争能力抉择关系分析、成本之间的抉择关系分析,以及成本与收益抉择关系分析。

4.3.2 精益成本管理的战略方法措施体系

精益成本分析为明确应该采取的战略方法和措施提供了依据。为了满足获取成本优势、提高企业利润和降低成本的要求,企业需要采取有力措施、运用科学的方法控制成本,为此产生了对成本管理的战略方法和措施的需要。成本管理的战略方法措施体系的内容可以综合概括为:

(1)以改变成本发生的基础条件为目的的方法措施。成本的源流管理思想揭示出,控制成本发生的基础条件是成本降低的深刻根源。以改变成本发生的基础条件为目的的方法措施主要有:

①重构价值链。拥有成本优势的企业,其价值链往往与竞争对手的价值链存在显著差异。重构价值链能从根本上改变企业的成本结构,为进一步的成本降低提供新的基础。

②控制成本动因。企业的成本地位源于其价值活动的成本行为,成本行为取决于成本动因。成本动因控制的重点内容应该是规模经济、企业政策、技术措施及其时机选择、时间成本与质量成本管理、改善成本动因之间的联系等方面。控制成本动因要避免采用相互矛盾的措施。

③长期成本计划与目标成本管理。

(2)以日常成本管理为主要目的的方法措施。以日常成本管理为主要目的的方法措施主要是一些制度性控制方法。制度性控制方法是指能够通过制度进行规范,并有可能与成本核算制度相结合运用的方法,主要包括责任成本制度、标准成本(或定额成本)制度等。

（3）精益成本管理方法措施体系的进一步展开。上述精益成本管理方法措施体系的内容可以进一步按照空间、时间和业务源流展开：

①成本管理方法措施的空间流展开，包括价值链的横向整合与规模经济、分权管理与多层次成本管理责任体系、成本管理空间的细化与作业成本管理、改善成本动因之间的联系等。

②成本管理方法措施的时间流展开，包括长期成本计划、技术改进措施的时机选择、实行目标成本管理、标准成本管理制度的合理应用、产品寿命周期成本管理等。

③成本管理方法措施的业务流展开，包括开发与研究过程中的成本管理、时间成本与质量成本管理、适时制的应用、价值链的纵向整合等。

4.3.3 成本管理保障措施体系和绩效评价体系

成本管理保障措施是为了保证成本管理方法措施的有效性和保证成本管理方法措施的顺利实施而建立的各种规范，包括制度保障体系和组织保障体系。建立成本管理保障措施主要通过建立起一系列的业务处理与报告应该遵循的程序和规范，以及通过对组织结构的设定、职能的划分与分工等，来保证组织内的各项活动按照有利于降低成本、有利于进行成本管理的方式进行。这些措施的功能不直接作用于成本发生过程本身，而是对处理业务的行为按照成本管理的需要加以倡导或约束，其作用是基础性的和防范性的。另外，在激烈的竞争环境中，为了及时了解环境、内部条件和竞争对手的变化可能带来的机会与威胁，还应该建立成本预警分析系统，对外部环境、竞争对手及企业自身条件的变化进行长期的观察，对可能出现的重大变化、可能面临的机会和威胁作出及时的预报，使企业能够有充裕的时间作出反应。因而，成本管理保障措施体系包括制度保障体系、组织保障体系和成本预警分析系统三个方面。另外，建立成本管理绩效的评价体系也是精益成本管理方法措施体系的重要内容。降低成本、获取成本优势需要多种协同措施，需要不同的战略以及战略之间的相互匹配，需要从战略高度来认识成本管理问题，需要有明确的目标和思想。成本不会自动降低，降低成本需要艰苦工作和不断探索，成本也不会偶然降低，成本降低是企业始终如一地重视成本的结果。要改善企业的相对成本地位从而获取竞争优势，不仅需要管理人员更多的重视，更需要在战略上作出重大转变。在我国由计划经济体制向社会主义市场经济体制转变阶段，在企业由粗放型经营转向集约化经营过程中，研究成本管理的战略思想，构造精益成本管理方法措施，无疑具有极为重要的价值。

4.4 实施精益成本管理的基本策略研究

通过上述比较可知，传统成本管理模式存在着许多弊端与缺陷，已无法适应现代企业管理的要求，必须对其加以改革，以建立使企业降本增效、加强竞争力的精益成本管理模式。目前，关于如何实现由传统成本管理向精益成本管理转变的策略的研究者众多，众说纷纭，但本人认为最主要的、最切实可行的策略主要有以下几个方面。

4.4.1 打破"轻效益、重节省"的思维定式

传统的成本管理只是以是否节约为主要依据，片面地从降低成本、避免费用发生入手，强调节约和节省。然而，随着社会的

进步和市场经济的建立，这种以成本为主导的成本管理，一方面会挫伤企业为未来绩效而支出某些短期看来是高昂费用的积极性，影响产品技术革新和产品的更新换代；另一方面可能因局部要求损害企业的整体目标。因此，必须更新观念，要从整体、全局、长远的角度来考虑企业的成本优势，削弱片面节约的意识，要强调"以人为本"的管理思想和科学的、正确的成本观念，实现成本管理由传统的"成本节省"型向战略性的"注重效益"型转变。当然，思想的转变，观念的更新，绝非一朝一夕之功。为此，要努力提高企业管理者的思想素质和科学文化素质，积极借鉴和吸收国外先进的成本管理理论与方法体系，加强成本管理的组织建设，在提高财会人员素质的同时，造就一大批成本管理工程师，走技术与经济相结合的道路。

4.4.2　多角度、多方位确立企业的成本管理

传统的成本管理以产品的生产过程为重心，范围上局限于生产领域，内容上局限于制造成本。随着生产管理技术的发展，成本概念在纵向和横向上都有了新的拓展。相应地，企业成本管理就不能再局限于传统的生产过程，而应将视野放宽、放广。企业必须重视科技进步与科技开发，不断拓展企业成本管理的新领域，要在推进和发展精益成本管理的同时，改革和完善传统的成本管理，使精益成本管理思想与具体的成本管理方法有机地结合起来，也只有按照全员、全过程成本管理的要求，采用战略性成本管理，对所有涉及的成本内容都以严格、科学的手段进行管理，企业才能增强产品在市场上的竞争力。

4.4.3　成本管理的战略方法

传统的成本管理仅仅停留在战术层次，就成本论成本，成本

降低的幅度有限，企业的经济效益很难提高。在市场经济条件下，一方面企业内部以提高效益为中心的管理机制必须服从于和服务于以提高效率为中心的管理机制；另一方面企业外部白热化的竞争使市场赋予企业的生存空间日益"恶劣"，这都促使我们必须克服那种"成本无法降低"的传统思维模式，从战略的高度重新认识降低成本的意图和方法。

总之，企业只有在激烈的市场中制定了正确的竞争战略，加强了企业精益成本管理，才能够在激烈的市场竞争中取得并保持竞争优势，脱颖而出，创造出我国企业行业的一流佳绩。

第5章

构建宝钢精益成本管理体系

5.1 宝钢精益成本管理的演变过程

精益成本管理不是一朝一夕形成的，而是在取得经验教训的基础上逐步产生的。宝钢在探索过程中有很多经验教训，宝钢精益成本管理的演变过程简介如下：

宝钢在推进精益成本管理的初期（1993~1995年），以为在标准成本替代责任成本后，能解决所有的成本问题，能够包治百病。其实不然，推进到1998年后，宝钢发现在制定标准的合理性与科学性上出现了问题，尤其是有些项目成本的高低不仅仅与产量或机时能力相关，有些还与表面积、日历时间相关等等。推进三年后，宝钢发现需要更加科学地制定标准。

第 5 章 构建宝钢精益成本管理体系

在 1997 年为了解决标准合理性问题,引进了作业成本的思路来制定有关标准,即引进了"预算因子"的概念,作业成本的引进使标准成本发挥更加重要的作用。

在 1998 年意识到除了要控制生产成本,还要向上下游延伸拓展,由此引进了供应链成本管理,包括了向上的采购以及向下的销售如何形成战略联盟,控制成本,取得双赢。

在 1999 年发现明细产品标准成本不是很准,尤其是期间费用的分摊存在不合理问题,因此在运输部、技术中心引入了作业成本思路进行改进。

在 2000 年发觉标准成本、作业成本作用很大,但是在质量控制上、在生产组织上对如何加强成本管理以及如何支撑主作业线上推行的精益生产和精益运营存在很大的困惑,由此引入了质量成本、生产组织成本、环境成本、人工成本、设计成本等专项成本管理,此时逐步形成了宝钢精益成本管理。

在 2001 年发现了如何针对钢管分公司来形成长效的降本增效机制和合理的评价机制的问题,因为它是产销研一体化的分公司,仅标准成本不能涵盖,应该制定合理的、灵活的机制来调动其积极性。因此引入了 BSC + EVA 的方法来引导钢管分公司创造价值,使宝钢精益成本管理发挥更大的作用。

在 2001 年发现主作业线上的车间共同费用分摊不合理,致使明细产品标准成本不够准确,由此想到在线材厂、硅钢厂等主作业线在标准成本的基础上推进作业成本,并取得了良好的效果。

在 2005 年发现,要在充分竞争的市场下赢得客户,必须要算清明细产品的成本、盈利能力,因此开发了明细产品盈利能力系统。

在 2013 年发现,为了占领新的市场、新的领域,新试产品越来越多,必须算清新试产品的目标成本,因此开发了新试产品目标成本系统。

在2015年发现,为了在产能远远大于需求的严峻形势下还要获得微利,那就必须把成本的控制点放在全流程上,因此开发出全流程系统。

在2016年发现,在产能继续远大于需求的情况下,微利都难保,这时必须精益求精,进一步划小核算单元,每天核算赚了多少钱,因此宝钢金属探索将标准成本与阿米巴模式相结合。

宝钢精益成本管理的实践是总结了很多经验后一步一步发展而来的,是一个不断演变的过程。下面介绍的宝钢精益成本管理是在宝钢实践的基础上总结出来的经验,形成了具有宝钢特色的精益成本管理模式。

5.2 宝钢精益成本管理定位

5.2.1 宝钢精益成本管理定位

随着中国加入WTO,企业所面临的经营环境发生了重大变化,市场格局面临重组,国内外市场差别逐步消失,竞争规则正在改变。空前激烈的市场竞争环境,前所未有地要求企业面向用户,快速响应,提升核心竞争能力,应对挑战,深化再造,追求价值最大化。持续的竞争优势来源于企业的价值创造系统及其有效运转的能力。企业必须从战略的高度构思其整个价值创造系统,各项工作的开展都应该有系统、宏观的意识。"追求企业价值最大化"就是一面旗帜、一个明确的路标,能够引导企业各部门、每一个员工都以为企业创造价值为工作的根本出发点,使企业的每一项工作都以能否实现价值增值作为评判标准，逐步形成全员价值化管理的文化氛围。从另一个角度看，价值最大化也提出了一种指导思想，它要求企业具备没有最好、只有更好、永不满足的创新精神，宏观把握、科学决策的战略视野以及促进价值增值、精干高效的运行体系。

企业所面临的经营环境发生了重大变化，激烈的市场竞争环境，前所未有地要求企业加强精益成本管理和提升精益成本管理价值创造的能力。根据对外部环境的认识和宝钢现代化管理的现状与发展趋势的判断，从增强宝钢核心竞争力及实现企业价值最大化的目标出发，宝钢精益成本管理的基本定位是：追求"企业价值最大化"这一核心理念，将精益成本管理的视角渗透到企业经营中的各个环节，以标准成本制度为基础，以作业成本为核心，以全面预算管理为基本法，以价值增值管理为目标，通过横向和纵向一体化管理着力追求成本、效益的最佳和谐与长期统一，培育持续降本增效能力。

因此，宝钢的精益成本管理工作不仅注重短期利益，更要追求企业长期、持续的健康发展，坚持走新型工业化的道路；在内部建立价值导向，探索和推进价值管理体系；深入分析价值驱动因素，通过标杆管理，发现价值增值潜力；建立边际贡献、价格贡献、物化成本、质量成本、事故成本、资产占用等不同的价值衡量标准，衡量和分析各业务单元、各流程、各工序、各产品的价值创造能力；逐步建立基于价值创造的长效激励机制，引导各部门从追求局部成本降低向追求系统成本降低转变，从追求个别技术经济指标的先进性向追求价值最大化转变。

宝钢构建"以价值创造为导向的精益成本管理"就是通过运用不断完善的精益成本管理信息化手段，吸收作业精益成本管理的先进理念，发展标准成本制度，将面向价值创造的精益成本管理视角延展到企业生产经营中的各个环节，通过横向和纵向一体化管理，追求成本、效益的最佳和谐与长期统一。

5.2.2 精益成本管理与宝钢的综合竞争力

钢铁行业自身的特点及其面临的挑战突显了成本在企业竞争中的重要地位。众所周知，钢铁行业投入大、消耗高的生产特点，决定了它的高成本和低回报。在日益激烈的市场竞争面前，作为发展较成熟的钢铁行业，成本的优势已直接构成了企业的核心竞争力。目前全世界范围内的钢铁产能严重过剩，钢铁产品价格也跌至了20多年来的最低点，成本的重要性也就格外地凸现了出来。我国加入 WTO 后，一方面取消了进口数量限制，进口量不断增加；另一方面，随着进口关税的大幅下降，钢铁产品价格也有了较大的回落。目前，宝钢的高档钢材产品成本处于全球最低水平，低成本是宝钢的优势之一，主要表现在以下方面：

①人工成本优势。宝钢劳动生产率位于国际同行先进水平，人工成本具有领先优势。

②规模效益显著。宝钢除初轧外，各工序满负荷生产，充分发挥出规模效益。

③能源成本低。宝钢能源的回收利用处于世界领先水平（炼钢为负能炼钢、世界首台燃气轮机发电），厂房设置科学合理、能源介质基本自产等因素形成宝钢低能源成本优势。

④消耗成本低。宝钢良好的资金信誉、稳定的供货渠道、临海的地理位置等，大大降低物资采购成本，与先进的消耗指标相结合，形成宝钢低消耗成本优势。

进入新世纪，企业竞争战略的重点发生了变化，精益成本管理的特征也转化为：建立和维持创新能力，围绕以顾客为中心，努力提高竞争优势，为企业创造更高的价值。宝钢及其他中国企业正在寻求和建立符合自身特点的成本竞争战略。

(1) 以战略思想为视角：剖析成本在提升宝钢核心竞争力中所扮演的角色

企业获取竞争优势的基本要素是"目标管理、企业核心能力和信息技术的应用"，而这三大要素又可以按竞争能力进一步划分为经营竞争力和战略竞争力两个方面。宝钢在精益成本管理中，将战略管理思想与 ABC 的思想进行局部融合，如预算因子的介入就是一个很好的例证。对 ABC 法的研究和探索，纠正了成本计算不实所带来的成本信息失真，找到降低成本机会之所在，提高作业活动效率，完善定价决策，提高企业竞争力。宝钢可以考虑使用战略精益成本管理思想，将 ABC 法应用于精益成本管理实践，以增强企业的核心竞争力，以战略思想作为理论支撑，以控制论为新视角，来研究企业的精益成本管理问题——成本控制战略。对于成本控制战略有两方面的理解：一是精益成本控制，二是实施成本控制的战略。对精益成本控制又可进一步理解为：制定企业战略过程中的成本控制，是"利用成本资料开发和辨识将产生持续的竞争优势的更高一级的战略"。尽管对企业战略的侧重点有不同的看法，也尽管企业战略有诸多类别，但考虑到当今世界国家间、企业间、从高科技产业领域到劳动密集型产业的各个层面展开激烈竞争角逐的现实，取得竞争优势确实是企业战略的第一选择。从这一思路出发，精益成本控制就是在企业选择与确定竞争过程中利用成本资料从战略角度来分析、选择、优化企业战略的过程，它是以企业战略为轴心展开的，是企业战略管理中的成本侧面。

成本控制战略从属于企业战略，如何通过成本控制战略来提高宝钢企业的核心竞争力，进而提升宝钢的成本竞争力，将是我们研究的重要课题。根据波特理论，企业竞争的基本战略有三种：成本领先战略、差异化战略、目标聚集战略，宝钢实现了三种竞争战略的有机组合。差异化战略带有目标聚集战略的性质，目标聚集战略是差异化战略的深入，成本领先者尽管依赖于成本领先来获得竞争优势，但仍然追求在差异化方面与竞争对手相等或相近的地位。建立在差异化基础之上的成本领先能将成本优势转化为高于竞争对手的收益。差异化基础之上的价值相近意味着为取得满意的市场份额而进行的必要的削价不会降低成本领先者由于成本优势而形成的竞争优势。

最近的研究表明，把低成本和差异化统一起来，是企业为适应动态环境而超越传统竞争框架所提供的竞争方式的结果。这种结果的营造过程如图5-1所示。

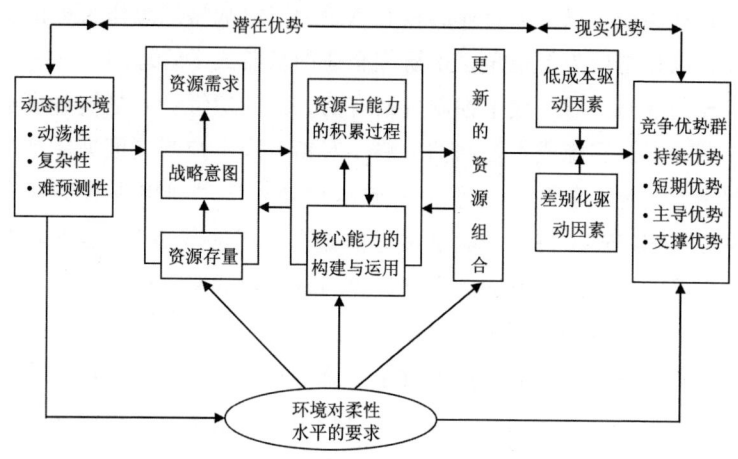

图5-1 动态环境下竞争优势的营造过程

上述分析表明，宝钢应当始终积极探索不牺牲经营差异化的成本节约的机会，应追求不以付出高昂成本为代价的差异化的机会，需要洞悉外部环境和内部条件诸方面的变化，审慎选择宝钢应该采用的基本战略，务求通过实施所选择的基本战略使宝钢最终取得竞争优势。获取不同类型的竞争优势往往要求采取相互矛盾的实施步骤，宝钢在选择基本战略的过程中，如何避免夹在中间的状况，对提升宝钢竞争力具有重要意义。从上述对基本竞争战略的分析并结合宝钢的实际情况，可以得出与成本控制有关的竞争力的基本结论：

①宝钢获得各种成本优势的战略措施构成了成本控制战略的主要方面。宝钢战略中的成本方面就是成本领先战略和实施其他战略过程中的成本战略，它服从于、服务于企业战略目标的需要。成本控制过程中的战略就是在不影响企业基本战略的前提下，采取各种手段和方法，尽可能降低企业的成本。这两者之间是相辅相成的，尽管它们的目标之间还存在着一定的差异。

②降低成本的战略是宝钢竞争战略的组成部分，宝钢各种降低成本的战略措施的选择，首先要受到宝钢所实施的基本战略的制约。

③降低成本战略是企业实施各种基本战略过程中不可忽视的因素。实施成本领先战略的核心是降低成本，实施差异化战略和目标聚集战略不仅不排除降低成本的战略，而且还需要借助成本战略来予以强化。

④成本降低是一个相对的概念，它应具有一定的前提条件。从宝钢的战略过程来看，降低成本以不影响宝钢基本战略的实施为前提，不能因为成本降低的需要而牺牲企业的差异化战略和目标聚集战略。从企业的业务过程来看，降低成本是在保证既定的质量标准和时间进度前提下的成本降低，不应当损害既定标准，当两者之间发生冲突时，必须作出抉择。

以价值管理为核心，通过对企业成本经营资源的计划价值和潜在价值分析，挖掘成本经营资源的潜在价值，不断提升公司价值，实现公司价值最大化。概括地说，精益成本管理的目的就是要为顾客创造价值，这一点已经得到国内外知名公司的认同。例如，全球知名的日本索尼公司把"以提高索尼集团的企业价值"作为经营的根本；新兴的中国TCL集团有限公司认为品牌的核心价值就是"为顾客创造价值，为员工创造机会，为社会创造效益"。价值创造是企业立业之本。宝钢提出了驱动公司进入21世纪的三项重要发展战略，即价值管理、革新、通过地区化实行全球化。宝钢认为"顾客价值"的战略意味着以人为本，包括三类人：

①购买公司产品和服务的顾客。满足他们的需求，也就是公司应以结果为导向，达到为社会和用户所认定而使购买者愿意为此而付费。

②为公司工作的员工。这是公司价值的源泉，也就是公司应发挥员工的创造潜力，尤其是管理人员在价值和管理上乐于接受进取，并为员工营造与责任和回报密切相关的良好工作氛围。

③公司投资者。使他们能取得良好的回报，也就是公司应高度重视股东价值，否则公司就会经营不下去。可见，宝钢公司不仅把以人为本的价值管理全面扩展到与企业密切相关的三方面的人，而且实质上包含了企业的市场价值、创造价值、资本运作价值等企业价值系统的诸多方面。

为了客观地评价竞争成本的价值，必须借助于一个有效的价值测量系统，这个系统是一个动态的成本评价系统，即竞争成本评价系统。企业经营管理系统必须围绕财务、时间、数量、差错、员工满意五个方面测定价值业绩，力求反映员工满意与顾客满意的程度，实现双重满意，提高企业核心竞争力，最终通过资产收益、市场份额、边际收益、利润、销售额等方面综合反映企业财务价值的现状及变化趋势，以逐步构造不断追求企业价值最大化的企业文化体系。业绩评价主要由财务、时间、数量、差错

第5章 构建宝钢精益成本管理体系

和人的反应（满意度）构成，顾客满意体现在服务、质量、生产率三个指标上，竞争优势以价格、市场表现等反映；财务价值具体由资产收益、市场份额、边际收益、利润、销售额等指标体现。竞争成本的评价体系如图5-2所示：

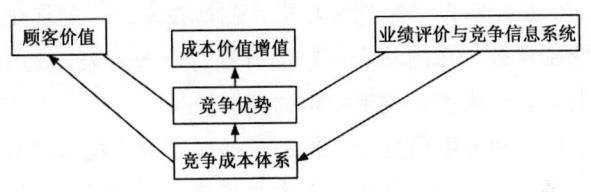

图5-2 竞争成本的价值测量系统

（2）以信息管理为手段，通过宝钢精益成本管理的信息化提升核心竞争力

宝钢精益成本管理的信息化以提升核心竞争力为根本目的，其主要体现在以下几个方面：

①宝钢的组织运行。

成本信息化能够给宝钢提供恰当的经营管理运作模式，以客观的手段强化宝钢以及员工的管理意识和管理行为。这样，宝钢的员工和各部门均可以各司其职，相互间也能够配合默契，增强了员工的团队合作精神，使宝钢依照既定的精益成本管理模式实现良性运行，从而降低其组织运行中的运行成本，相应地提升其核心竞争力、成本竞争力。

②客户关系和供应链管理。

成本信息化能够促进企业重组，有效地建立以顾客为中心的业务管理流程，提升产品质量，提高准时交货率，降低顾客成本，同时有助于建立新的绩效考评办法。成本信息化还有利于宝钢最终实现全面的供应链管理和电子商务，缩短了宝钢与消费者和供应商之间的距离，使相互之间建立了快捷的联系，提高宝钢把握市场和消费者了解市场的能力，极大地降低企业的交易成本，扩大了宝钢的利润空间，增强宝钢产品在市场上的竞争能力，从而提升核心竞争力。

③生产制造管理。

成本信息化有助于宝钢采用柔性制造技术，合理优化生产资源，降低原材料、在制品和产成品等库存，改善资金运营状况，降低宝钢的运营成本，实现宝钢的利润增长。

④信息化和成本信息化，有利于提高宝钢的技术创新能力。

信息化有利于宝钢对研发人才的培养，有利于拓展研发的思维和新产品创新。成本信息化还能加快新产品的开发速度，降低新产品的设计与生产成本，降低对现有产品进行改进或增加新性能的成本，节约研发资金，提升研发效率，而研发和技术创新能力的提升则是宝钢核心竞争力提升的关键措施之一。宝钢成本管理目标流程如图5-3所示。

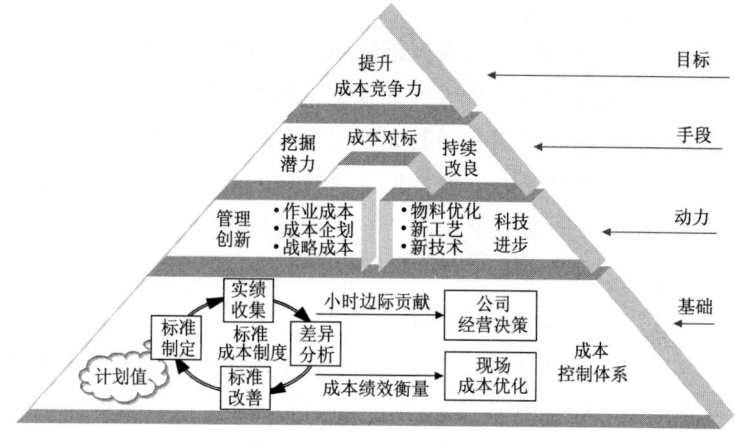

图5-3　宝钢成本管理目标

在此目标下，宝钢的精益成本管理领域逐步由产品生产扩展到产品的整个生命周期;成本管理范围从企业内部管理走向企业外部管理;成本管理效果从短期管理走向长期管理;成本管理轨道从纯经济转型到经济与技术结合型;成本管理手段从手工型转向自动化、信息化,逐步形成面向企业价值增值的成本管理体系,其结构图如图5-4所示。

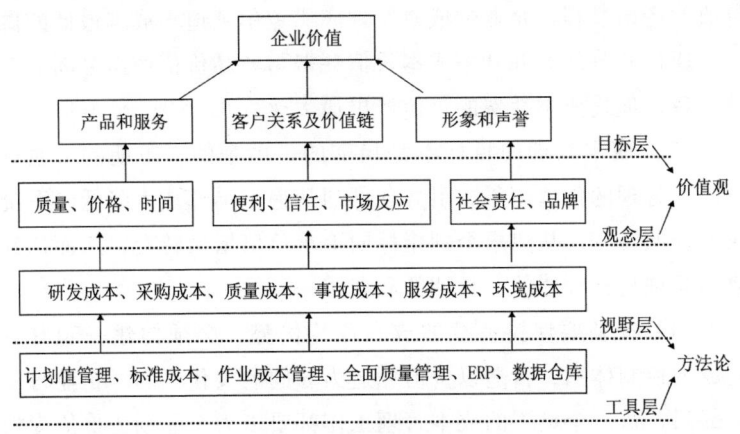

图5-4 宝钢面向企业价值增值的精益成本管理体系结构

由图5-4可见,宝钢的精益成本管理是一种基于市场与竞争理论,以获取竞争优势、创造用户价值为目的的一种系统的成本控制和管理的方法,是多维度和多视角的成本管理体系。

5.3 宝钢精益成本管理的价值导向

宝钢提出以价值创造为导向的成本管理,主要基于以下几点认识:

（1）成本是设计出来、组织出来、生产出来的。成本投入涉及企业的投资、采购、制造、研发、销售等诸多环节，通过对各环节投入成本要素之间的价值关系的细化分析，寻找最优的成本链。

（2）成本的发生既是成本价值的损耗过程，同时又是产品价值的产出过程。企业的成本管理应避免单纯追求成本最低的做法，通过充分研究并利用成本价值耗费与产品价值产出之间的互动关系，促进成本耗费的价值产出最大化。

（3）成本管理的目标不是局部的、单个的、短期的。通过对成本管理的价值衡量，引导各部门从追求局部成本降低向系统成本降低转变，从追求个别指标向追求价值增值转变，从而达到成本管理目标整体的、长期的和谐统一。

（4）企业要保持持续的成本竞争优势，必须构建一套有效的成本控制体系，营造以价值创造为导向的文化氛围。企业每一个部门、每一个员工的成本管理工作都要以为企业创造价值为根本出发点，企业和个人的每一项工作都要以实现企业价值增值作为评判标准。

（5）成本管理信息化手段的提升为成本管理的价值创造提供了有利条件。

5.4　宝钢精益成本管理的特色基础

5.4.1　标准成本制度的起源、发展及含义

标准成本制度起源于美国，它是伴随着泰勒的标准化作业管理理论的产生而产生的。随着现代管理理论和管理方法的发展，

标准成本制度的优越性正逐渐体现出来，世界许多先进的钢铁企业如美钢联、新日铁、浦项及我国台湾中钢都已采用这一管理制度。宝钢1993年提出推行标准成本制度，并于1996年正式实施标准成本制度，经过其后几年的理论研究和实践探索，建立了具有宝钢特色的标准成本制度，在企业管理中发挥着越来越重要的作用。

标准成本制度是运用标准成本与实际成本的对比、揭示差异并进行分析的方法，实施对成本的事前、事中和事后控制，通过对成本中心成本绩效衡量，着力于成本改善，并运用成本标准服务于经营决策的成本管理体系。

宝钢推进标准成本制度发挥了各部门的积极性，上至公司领导，下至普通员工均积极参与。通过推进标准成本制度，广大员工不仅学习和掌握了许多成本管理的知识，而且更加注意在生产操作过程中控制成本，成本自觉意识得到了极大的提高。另外，通过标准成本制度的管理，使各部门自觉地以公司的利益为出发点，并与公司整体利益保持一致。

5.4.2 宝钢精益成本管理的目标——创造价值

精益生产、精益运营的目标包括以下几个方面：

(1) 充分挖掘运营系统的各种潜力。

(2) 加速培养支撑公司持续改善的各类人才。

(3) 营造全公司追求卓越、科学管理的创新氛围。

(4) 研究整合现有各种运行改善的技术和组织方法，形成以六西格玛精益运营为基本框架、多层面有机协同的运行改善体系，提高企业持续改进能力。

(5) 通过管理的创新、理念的创新将宝钢建成全球最具竞争力的钢铁企业。

精益成本管理的目标：为企业创造价值。通过运用不断完善的成本管理信息化手段，吸收作业成本管理的先进理念，发展标准成本制度，将面向价值创造的成本管理视角延展到企业生产经营中的各个环节，通过横向和纵向一体化管理，追求成本、效益的最佳和谐与长期统一。

5.4.3 宝钢标准成本制度的组织体系及制度架构

（1）标准成本制度的组织体系

宝钢成立了"标准成本管理委员会"，由主管副总经理任主任，各生产厂厂长和有关职能部门领导担任委员。委员会的工作职责是检查标准成本制度的推进情况，协调解决有关成本的重大问题。各生产厂相应成立了"标准成本推进小组"，组长由生产厂厂长担任，副组长由驻厂成本组组长担任，组员由技术人员、作业长和成本管理人员组成。

各级管理者承担的作用有两方面，一方面，作业长是降低现场成本的主要责任者；另一方面，财务人员是降低成本的主要组织者。财务人员确立标准成本并推进网络，以高效快捷地反映成本信息，各工序设立兼职成本员与分厂成本负责人、作业长一道，及时反馈成本信息，定期进行成本分析，有效地控制成本。

（2）标准成本制度功能架构

标准成本制度是将成本的前馈控制、反馈控制及核算功能有机结合而形成的一种成本控制系统，其架构是一个 PDCA 管理控制循环，如图 5-5 所示。

（3）成本标准的制定

成本标准是用以控制原料、人工、燃动力、劳务等的数量与金额，因此必须针对这些项目分别设定标准。宝钢的成本标准是以成本中心及其所生产的产品为载体而制定的，它分为基本标准

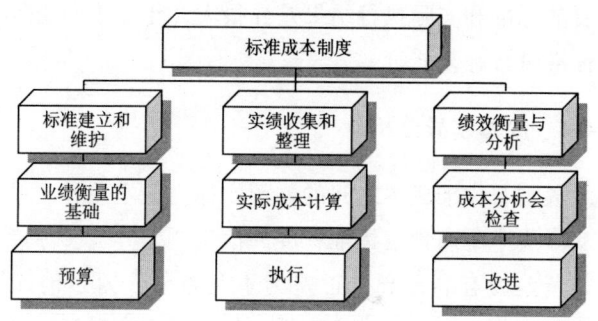

图 5-5 标准成本制度 PDCA 管理控制循环

和价格标准两个部分。其中，基本标准由原料标准、生产作业标准及附加成本标准组成；价格标准则包括标准价格和标准费率。

成本标准是在财务、生产、技术等部门的通力协作下，利用已积累的大量基础数据，运用统计分析、工程实验等方法，结合实际情况而制定的。

标准制定原则是指制定成本标准时所必须遵循的基本准则，宝钢在实践中总结出来并遵循的标准制定原则主要有以下几条：

①以追求完成率 100% 为目标，客观、公正、合理、不留余量，体现精益管理的思想；

②考虑到生产条件的变化及生产工艺、操作技术改善、技术开发成果的应用、质量改进、设备改进等所带来的标准改善；

③考虑到对象期内人的主观能动性的充分发挥可能产生的成本改善；

④致力于科技、管理水平的提高，实施对成本标准的改善；

⑤标准的表达与应用应简洁明了，并具有可操作性。

宝钢成本标准的修订分为年度修订和期中修订两种。一般情况下，标准每年修订一次，其生效日为次年度的 1 月 1 日。如果年度中因市场、生产工艺、技术等客观条件发生重大变化而使得某些项目的标准和实际执行结果差异很大,年度中间也可对这些项目的标准进行补充修订。

5.4.4 成本差异分析

实际成本与标准成本之间的差额,称为成本差异。成本差异是反映实际成本脱离预定标准程度的信息。差异＝实际成本－标准成本,负差为有利差异,正差为不利差异。为了消除这种偏差,要对产生的成本差异进行分析,找出原因和对策,以便采取措施加以纠正。

成本差异分为消耗差异与价格差异。

消耗差异＝标准价格×(实际消耗－标准消耗)

价格差异＝实际消耗×(实际价格－标准价格)

对于生产性成本中心,主要揭示和分析消耗差异,消耗差异反映的是生产部门的业绩。对于采购部门,主要揭示和分析价格差异,价格差异反映的是采购部门的业绩。接受产品或服务的价格差异反映提供产品或服务部门的业绩。

差异产生的原因包括两个方面:一方面是因为标准不够准确;另一方面是在实际生产操作或管理中产生的。对于不够准确的要加以修订,对于由于生产操作管理产生的要具体进行分析。成本差异分析是对成本日常检查、分析、监督的一种方法,围绕直接形成产品成本的料、工、费三方面因素展开。

组织行为学研究发现,你衡量什么,下级组织和雇员就做什么。因此,在推行标准成本管理、制定成本标准、分解成本预算指标、揭示和分析差异形成原因并采取改进措施后,十分有必要对绩效进行衡量和评价。而且由于企业价值构成因素之间存在错综复杂的相互影响关系,标准成本的绩效评价不能单纯地看重"成本降低数值",而是应围绕企业核心竞争力的获取来开展。

5.4.5 标准成本提供控制手段——计划值管理

计划值是指在企业内部共同认识的基础上,由企业统一规定的生产、技术、预算等方面重要的管理基准值。

计划值的作用在于:反映生产单元运行状况及生产能力;运用精度分析理念,实行例外管理;通过差异分析,及时揭示生产、经营管理中的薄弱环节;具有完整性、真实性、唯一性和权威性;公司效益通过完成计划值实现;实行PDCA循环管理,具有动态管理的功能。计划值可以促进企业各项管理水平的提高,不断降低消耗,降低成本,使企业的经济效益得到不断提高。

计划值是指在企业内部共同认识的基础上,由企业统一规定的生产、技术、预算等方面重要的管理基础数值,而标准成本是在一定的环境下,根据科学的方法预先制定的,为衡量实际成本高低的一种成本尺度。标准成本与计划值的关系如图5-6所示。

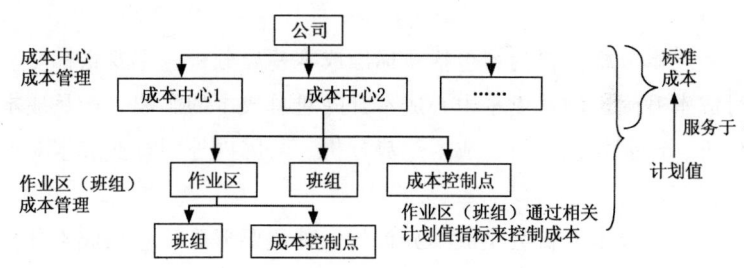

图5-6 标准成本与计划值的关系

5.4.6 成本潜力的重要环节——成本分析

成本分析是利用成本核算、预算及其他有关资料,全面分析实际成本水平及其构成的变动情况,系统研究影响成本升降的各种因素和变动的原因,寻找降本增效的潜力。它是成本管理工作的一个重要环节，通过成本分析可以正确认识和掌握成本变动的规律性，有利于实现降本的目标；可以对成本预算的执行情况进行有效的控制和对执行结果准确评价；可以为编制成本预算和制定经营决策提供重要依据，为未来的成本管理工作提出努力方向。

宝钢随着管理水平的提高和标准成本管理的推进，成本分析模式日渐完善，成本分析质量不断提高，并直接应用于各项经营决策、成本管理活动中去。

从宝钢成本分析的实践看，成本分析具有以下的特征：成本分析组织体系呈现层次性；成本分析内容具备全面性；成本分析形式体现出人本性和灵活性。

宝钢成本分析工作呈现出明显的层次，即由如下层次组成：班组成本分析、作业区成本分析、生产部门成本分析、公司成本分析，其中前三者与生产作业紧密关联，综称"生产单元成本分析"。

成本分析主要内容包括：标准成本差异分析、主要指标变动对成本升降影响、成本中心成本升降对总成本的影响、产品成本分析、产品效益分析、成本趋势分析、与国内外同行业成本对比分析等。

举行成本分析会是成本分析的一种重要形式，它是成本分析工作中实行领导与群众相结合、经济与技术相结合、充分发挥民主、协调各部门关系、相互取长补短的良好形式。成本分析会按空间划分为：班组、作业区、分厂、区域、公司成本分析会；按时间划分为：定期和不定期成本分析会。

随着宝钢标准成本管理制度的进一步完善，成本分析为实现公司生产经营目标的作用越来越突出，具体可概括为：标准成本差异分析明确了各单元对公司成本所要承担的责任，合理评价各部门在当期成本工作中的业绩与得失,明确下一步成本管理工作的目标;通过成本差异的揭示和分析,及时暴露了实际成本工作中的矛盾,提出相应的措施加以改进;反映公司成本管理中的薄弱环节,制定相应的成本管理制度,及时堵塞成本管理中的漏洞;提出成本控制的专题报告以加强各级主管领导的成本意识;有利于单位间成本问题的协调和裁决;通过公司成本例会,彼此交流经验、互相学习,宣传推广成本管理中的好的做法,对成本管理中浪费现象进行有力揭露,对公司成本改善具有良好的导向作用。

实践证明,宝钢推行面向企业价值创造的标准成本管理制度,取得了显著的成效,近几年宝钢年平均成本降低率为3.5%。通过推进标准成本制度,广大员工不仅学习和掌握了许多成本管理的知识,而且更加注意在生产操作过程中控制成本。更为重要的是,加强标准成本管理工作已经成为企业内部各个部门、每一个员工的自觉行动,上至公司领导,下至普通员工均积极参与。一个运作精干高效、响应灵敏快捷的成本管理体系已经形成。

5.5 宝钢精益成本管理运作机制

面向价值创造的精益成本管理就是要求在价值最大化的整体思路指导下,根据公司集中一贯的管理体制,构建以标准成本管理制度为基础,作业成本管理为核心,计划值管理为基础,先进的成本信息管理系统为平台,面向市场、面向流程,持续价值增值的成本管理运作体系。

5.5.1 标准成本制度与业绩评价激励机制

成本管理在现代企业的价值创造中正发挥着越来越大的作用,

追求企业价值最大化就应当首先重视成本管理持续良性运转的能力，要选择一个适应企业发展的、先进的成本管理制度，构建一套科学的业绩评价激励机制，并持续推进现场成本管理不断深化。

（1）细化计划值管理指标，不断深化现场成本管理

宝钢成本管理很大的一个特点就是与企业各项基础管理工作联系紧密。在投产初期即引进了作业长制、点检定修制、计划值管理、自主管理、标准化作业五项配套的现场基础管理模式。公司的现场成本管理工作也是以此为基础来开展的。

宝钢在投产初期，通过引进计划值管理体系，为公司提供了基础的管理数据平台。最近几年，宝钢进一步强化了计划值的管理功能，设计了125个计划值管理中心，涵盖了公司内部所有产线，定义了1546项计划值管理指标，涉及全部变动成本，强化了其作为标准成本制度基础的地位，使计划值管理为公司成本标准制定与维护方面的工作提供了支撑，并且成为公司现场成本控制工作的得力工具，从而实现了公司成本管理重心的下移，有利于随时把握、及时协调现场的运行状态，适应市场的各种变化。

同时，宝钢有针对性地加强了现场基层管理者——作业长成本知识的培训力度，并按照贯标思路，推进现场成本管理。在健全的成本管理机制下，各单元根据自己的成本管理现状和管理特点，探索出了许多有特色的现场成本管理模式，诸如炼铁成本日日清制度、炼钢成本旬报表、电厂的八小时成本计算等，细化和深化了标准成本管理制度，使公司现场成本控制更为规范、组织更为系统，有利于持续良性发展。

（2）绩效衡量与长效评价相结合，构建科学的业绩评价机制

标准成本制度为建立科学的业绩评价和激励机制创造了很好的条件。在长期的管理中，宝钢一直坚持贯彻"责、权、利"

第 5 章　构建宝钢精益成本管理体系

相结合的思想，逐步形成了以当期成本绩效衡量为主、长效激励为辅的成本业绩衡量体系，构建了以价值创造为中心，以供、产、销经济活动为切入点，能够根据各工序不同特点确定价值贡献指标，实行月度跟踪、季度考核、年度评价、长效激励的科学业绩评价激励机制，在企业内部形成了良好的激励导向。

① 成本绩效衡量。

宝钢的绩效衡量是标准成本制度的有机组成部分，主要评价生产成本控制绩效，其基本原理是将弹性成本预算与经标准价格调整的实际成本进行对比，进而判断部门的实际成本管理绩效。弹性预算与一般意义上的预算有所差别，它是根据成本中心实际的生产量、作业量或服务量，根据事先制定的成本标准计算所允许发生的成本。

绩效衡量的基础是企业内部科学、完备的标准体系。由于剔除了采购价格因素以及产品结构及原料结构变化对成本的影响，仅衡量各成本中心可控成本部分，有利于客观公正地评价当期部门的成本管理绩效。成本绩效衡量流程如图 5-7 所示。

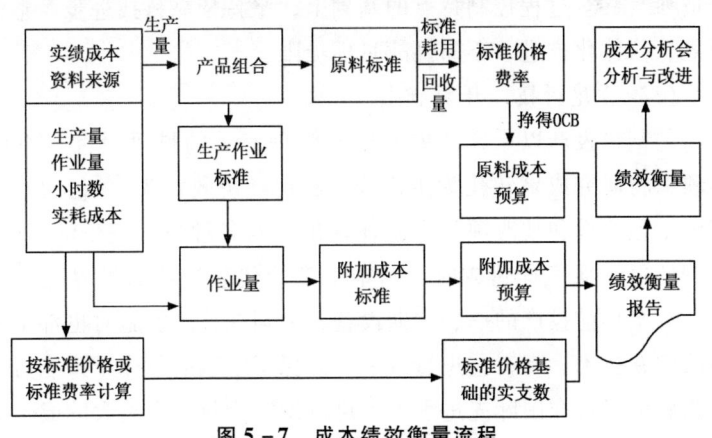

图 5-7　成本绩效衡量流程

②长效评价机制。

宝钢在长期的激励机制的探索中发现，在成本管理中很多有价值的工作不一定在当年表现出降本增效的效果，由于对各部门评价的基础不一样，单纯的年度成本贡献指标也不能准确衡量部门的成本水平。因此，成本管理绩效评价方法迫切需要进一步拓展，在原有的年度业绩评价目标的基础上，同时建立相应的长效考评激励制度：公司在进行业绩评价时除考虑部门本年业绩外，还滚动追溯前三年的业绩。弥补了成本绩效衡量的不足，使公司评价激励体系更规范、更科学。

通过这样的激励制度安排，可以强化价值产出机制，促进企业价值最大化。

5.5.2 构建科技降本、系统降本的机制，培育持续降本增效能力

根据有关分析资料，国际钢铁行业年均成本下降率在2.3%左右，这使宝钢意识到，持续降本增效至关重要。在进一步强化全员参与、全过程控制特点的基础上，坚持依靠科技进步、整体规划、一体化推进，不断挑战目标极限。

（1）立足科技，开源节流

宝钢自投产以来，开展与成本管理有关的科研项目有4000多项，将研究成果转化为生产力，实现经济效益30多亿元。宝钢的工程建设和技改项目中就体现出了对各种技术进步的青睐。宝钢的每一项工程建成时，基本上都能代表当期的世界先进水平。对于早前投产的一、二期设备，公司在技改实施时也都采用当前的新技术、新工艺进行改造，确保了宝钢的总体设备能力和工艺始终保持在国际先进水平。可以说宝钢每一次重大的成本下降均与科技进步息息相关。

第5章　构建宝钢精益成本管理体系

（2）高起点建设，优化工艺布局

据权威部门测算，企业在生产开始之前，已经有80%的产品成本为约束成本。在高起点、高目标的指引下，宝钢历来非常重视工程规划和建设项目的系统研究，一开始就给未来的发展留有了足够的空间。在一、二期工程的设计和建设时，宝钢从场地、物流、能源和生产线等各个方面，为三期工程建设进行了预留，建设三期工程时也为三期后项目的优化留有了足够的空间。虽然宝钢是分三期建设的，前后相差二十年，但是建成后的宝钢浑然一体，没有局促感，没有推倒重来的浪费，这为宝钢成本管理从工艺布局上创造了得天独厚的优势。

（3）实现一体化管理，优化供应链

长期以来，宝钢物资采购部门一直注重加强与供应商的技术合作，不断开展优化替代、国产化等质量、科研攻关，成功地实现了用价格低廉的高炉锰铁替代价格昂贵的中碳锰铁，用铜镍替代电解铜和电解镍，用复合电石脱硫剂替代纯电石粉脱硫剂等，对部分耐火材料、探头、砂轮、液压油、预处理液、电极等共18个项目进行了国产化。产、供、研一体化活动的开展，为宝钢创造了可观的效益。

与此同时，宝钢在国内冶金行业中较早推行了国外普遍采用的无库存备件采购的管理模式，后来又在生产、采购、设备管理等环节共同推行了寿命计价、功能计价的管理模式，实现了与供应商的双赢。为将采购成本与生产成本统一到公司价值最大化上来，推行了物化成本管理，强化系统管理，促进采购价格、采购质量与生产消耗的最优化。

5.5.3　优化生产流程成本控制，建立专项成本控制体系

宝钢每年的维修费用开支占总成本的8%左右，理所当然是

成本管理的重点。经过几年的探索，在维修费用的管理方面形成了"标准+α""风险项目管理"等多项管理方法，并加强了设备的状态预知管理、检修模式优化、事故损失评价模型的研究，逐步探索出了一整套事故成本管理经验。宝钢的质量成本管理包括内部故障成本、外部故障成本、鉴定成本、预防成本四方面内容，注重减少生产过程中因质量过剩以及降级、报废所带来的成本损失。

此外，宝钢在成本管理方面十分注重以系统化和协作化为特点，建立起完善的成本管理协作体系，推进系统降本工作。例如，冷轧生产的产品种类较多，销售部门从销售合同组织，制造管理部门从生产计划编制等方面进行综合协调平衡，尽可能减少冷轧生产切换次数，充分发挥机组产能，降低成本。

5.5.4 构筑成本管理信息系统，促进成本报表多样化，实现快速响应

目前，宝钢以1998年1月投运的9672成本系统，以及2000年开始建设的财务成本数据仓库为主体，逐步形成了面向流程控制和经营决策支撑的成本信息化管理体系（见图5-8）。

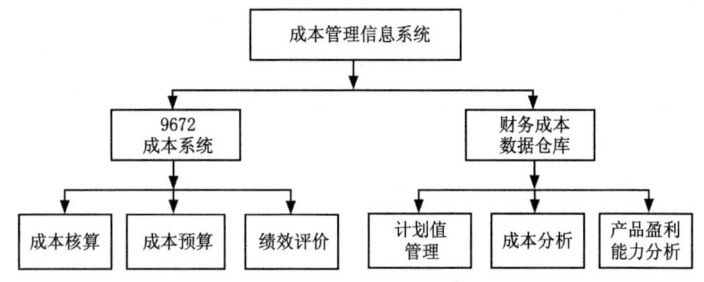

图5-8 成本信息化管理信息系统

9672成本系统主要承担了公司成本核算、预算,以及绩效衡量报表编制等功能。系统投运的同时取消了设备部、能源部、运输部等相应的二级成本核算系统,构建了完整的公司成本核算系统。9672成本系统贯彻"功能覆盖产线"的开发理念,使成本信息系统柔性得到极大提高。实践证明,9672成本系统实现了物流、信息流、资金流的同步,提高了成本核算质量和核算效率,缩短了结账周期和结账时间。财务成本数据仓库主要是对9672系统积累的大量财会成本数据进行进一步的"数据挖掘",为全体管理及生产、技术人员创建了一个整合、高效的数据环境,成功实现从数据到信息,从信息到知识的准确、快速提炼,通过独具特色的BUPC码,打通了产品质量设计、标准成本制定、产品销售三个不同管理界面的隔断,实现了公司内部不同标准的相互勾连及明细产品标准成本的计算。

由于宝钢在财务成本数据仓库开发中,系统考虑了不同个性化管理对成本信息的需求,综合运用多种成本管理方法,实现了成本管理报表的多样化,因此,成功满足了包括反倾销在内的各项企业经营管理工作的需要。例如,在应对美国反倾销(包括钢坯、热轧、冷轧及钢管产品)案的过程中,明细产品成本报表就充分体现了其灵活性。宝钢充分利用各产品还原成本报表(产品的单耗构成全部为公司直接投入的原燃料、辅料)的支持,有力地应对了美国反倾销案对公司成本信息的种种苛刻要求,被誉为国内反倾销最为成熟的企业之一,极大地鼓舞了国内企业应对反倾销案的信心。9672成本系统与财务成本数据仓库相结合实现了财务成本数据对公司经营管理、决策的快速响应,满足了公司数字化经营的需要,从而提高了公司成本管理应对复杂局面的能力,为企业价值创造提供了坚实的依靠。

在推进面向价值最大化的成本管理实践历程中,宝钢认识到：面对新的时代、新的环境，成本管理要持续为企业价值最大化作出更大贡献必须强化三种能力，即快速响应能力、协调配置能力和分析评价能力。完成三项转变，即由成本控制型向价值创造型转变，在追求成本控制的同时，协调效益的最优，以价值最大化作为评判标准；由专业管理型向导向管理型转变，在充分发挥专业管理作用的同时，增强成本管理功能的辐射面和导向性，培育成本管理文化；由制度约束型向以人为本型转变，最大限度地发挥人的价值创造性。

5.5.5 创新宝钢精益成本的方法、手段并使之多样化

在现在宝钢标准成本制度的基础上，着眼于未来发展的持续竞争力，融合现代在国际上成功实施的先进生产经验，设想出精益成本管理系统。精益成本管理融合了以"6σ"为特征的精益生产、敏捷制造、质量管理、ERP和供应链管理的精髓，把这些先进的管理方法与成本管理相结合，目的是营造一种精益成本管理的组织经营模式，以达到成本最优，期望在未来的市场竞争中企业更具有竞争力。精细生产的宗旨是"杜绝一切浪费"；作业生产管理以作业动因为切入点，作为整个精益成本的基石；敏捷制造的目标是"速度"和"满意度"，以达到综合性竞争能力；ERP系统实现了信息系统的集成性、准确性和实时性，同时梳理了业务运作流程。精益成本以供应链作为整个生产管理的连接纽带，以ERP汇集供应链各方的信息，达到理想的成本管理目标。

（1）在生产工序采取标准成本

在炼铁、炼钢、热轧、冷轧、钢管等主要的生产工序中采取了标准成本管理。针对各产品在每个成本中心都制定了消耗标准及价格标准；在月初根据生产计划配上标准得出当月应该控制的

各成本项目；月中根据测算的成本项目目标进行控制，并按实际的产量配上标准进行适当的调整；月末收集实际消耗、实际价格后进行对比得出差异，并对差异进行分析，提出措施加以改进。在生产工序采取标准成本，实现了成本管理的前馈控制、事中控制、事后分析。宝钢推进标准成本制度发挥了各部门的积极性，上至公司领导，下至普通员工均积极参与。通过推进标准成本制度，广大员工不仅学习和掌握了许多成本管理的知识，而且更加注意在生产操作过程中控制成本，成本自觉意识得到了极大的提高。另外，通过标准成本制度的管理，使各部门自觉地以公司的利益为出发点，并与公司整体利益保持一致。宝钢在大型企业中实行标准成本的方法，在国内是一种探索，并且取得了成功。

（2）在标准成本的标准制定上采取作业成本法

为了使得标准的制定更具合理性，宝钢引入了作业成本法。有的标准消耗并不是与产量相关的，可能与表面积相关，也可能与加热的时间或日历时间相关，如果制定标准都以产量为因变量，就会使标准偏离，造成标准"不标准"。在制定标准时细分"作业"，考虑"作业动因"（预算因子），也就是考虑哪个因素是影响该成本项目的最大的因素，它们的关系如何，用数学表达式表达，并以此制定标准。此方式把作业成本法运用到标准成本的制定上来，使得标准更具科学性，这也是精益成本的一种创新。

（3）以作业成本管理的思路来发展和完善目前的标准成本制度

作业成本法作为一种渐趋成熟的间接费用分摊方法，以产品消耗作业、作业消耗资源的过程控制为核心理念。宝钢引入作业成本法的目的是用作业成本法的思路来发展和完善目前的标准成本制度，细化宝钢的标准成本管理，进而为公司的经营决策提供有效的基础数据支持。具体来看，其意义主要体现在以下三个方面：

①过程成本控制方面。

通过选择和分析实物链和价值链中各环节的作业动因（即标准成本中的预算因子），挖掘成本中心的成本潜力，确定增值作业和不增值作业，更准确地衡量成本中心的真实成本，从而达到改善成本、提高效率的目的。

②成本核算方面。

在不改变标准成本核算体系的前提下，改变目前以产量、人员数等为分配基准的传统分摊方法，以作业成本的管理思路分析、选择较合适的作业动因（预算因子）来对间接费用进行合理的分摊，不断完善成本核算系统。

③经营决策支持方面。

加强对作业成本的跟踪、分析，更真实、详细地反映产品链的成本，使得明细产品成本计算更为合理，为宝钢的敏捷制造和综合需求计划系统提供基础支撑，进而为公司的经营决策服务。

（4）在运输部、技术中心采取作业成本法

宝钢的运输成本管理经历了消耗额管理—责任成本管理—标准成本管理三个阶段。标准成本管理是通过运输成本中心费用的收集来对运输总成本进行控制。由于服务的特殊性，运输部门在推进标准成本管理的过程中遇到一些难点，如单体设备的运输成本、每一托运作业流的成本、设备的经济性分析、内部绩效衡量的合理性等，作业成本法的应用为解决这些问题提供了契机。运输部门推行作业成本管理的目的，一方面在于掌握运输成本分配的流向，即明细产品消耗的运输成本，为公司各类产品定价提供更准确的成本依据；另一方面在于掌握单体运输设备的成本、各类运输作业的成本、作业方式变化对成本的影响等，以降低物流成本和为承接市场运输业务价格谈判提供依据。宝钢的科研项目是指研究开发新技术、新产品、新工艺、新装备或促使其在本单位应用，推进企业技术进步的，有计划、有组织的，以项目组形式开展的科研活动单元。科研成本是项目经费和间接费用之和。项目经费包括直接人工、直接材料、外协费用以及其他直接消耗的费用等，专项费用和管理费用包括折旧费、备件维修费、试验检验费、资料费、会务费、差旅费、管理人员人工费、物业管理费、业务招待费等。通过对历史数据的整理和分析，宝钢科研成本中间接费用所占比例已超过 2/3，众多的费用游离在"项目经费"之外，项目经费已不能完全揭示科研投入的实际情况。针对科研项目个性化强、核算管理相对独立、人员素质相对较高的特点，宝钢引入作业成本法来加强对科研项目的管理。这一点将在第 6 章进行详细的阐述。

（5）在钢管分公司采取 BSC + EVA 构建价值贡献模型

运用价值管理、EVA 和平衡记分卡等基本概念构建宝钢钢管公司的价值贡献模型，构建价值贡献模型不仅能使财务指标及非财务指标得到价值衡量，而且由于体系的健全运作能使得价值中心保护价值，直至达到创造价值的目的。

下面简要介绍宝钢钢管公司价值中心价值贡献衡量体系的构建，并以 20××年一季度实绩数据进行模拟，建立宝钢钢管公司整体价值贡献衡量体系。

①价值贡献衡量指标。

财务因素（a）即宝钢钢管公司整体价值贡献；用户因素（b）即用户满意度、战略产品销量；内部流程优化（c）即壁厚控制精度比例 8%、宝钢钢管公司资源利用率、质量异议；学习与创新（d）即新产品销售率、科研效益、合理化建议效益、技术秘密数。对宝钢钢管公司整体业绩评价由财务因素（a）和非财务因素（b）、（c）、（d）构成，所占权重按实际情况设定；对非财务因素（b）、（c）、（d）进行评分，并根据在整体评价中的权重进行价值量化。

在整体评价中，设定财务因素占65%，非财务因素占35%。因此，非财务指标的目标值价值量化=财务指标实际值×0.35/0.65（在此选取财务指标实际值是为合理反映价值增值量），非财务指标的实际值价值量化=财务指标实际值×0.35/0.65×非财务指标完成比率。

通过上述公式计算出宝钢钢管公司完整意义上的价值贡献，它包含了所有有助于企业成功的关键成功因素，它不仅关注企业的当期价值，它还关注企业的未来价值（因考虑了一些关键的非财务因素）。

②20××年一季度宝钢钢管公司价值贡献衡量评价结果如表5-1所示。

表5-1　　20××年一季度宝钢钢管公司价值贡献衡量评价结果

项目	计量单位	目标值	实际值	权重	得分	价值贡献
一、财务因素						
（a）宝钢钢管公司整体价值贡献	万元	1817	3679			1862
二、非财务因素						
（b）用户因素				30	32	
（1）用户满意度	分	89.00	89.00	14	14	
（2）战略产品销量	万吨	1.79	2.24			
其中：油井管	万吨	1.61	1.80	16	18	
高压锅炉管	万吨	0.18	0.38			
（c）内部流程优化				30	32	
（1）壁厚控制8%精度比例	%	54.40	55.68	15	16	
（2）宝钢钢管资源利用率	%	88.56	88.60	10	10	
（3）质量异议	万元	22.50	12.00	5	6	

续表

项目	计量单位	目标值	实际值	权重	得分	价值贡献
(d) 学习与创新				40	47	
(1) 新产品销售率	%	9.00	12.28	15	20	
(2) 科研效益	万元	190.00	903.58	10	15	
(3) 合理化建议效益	万元	200.00	200.92	10	10	
(4) 技术秘密数	个	4.38	1.50	5	2	
非财务因素小计	分数			100	111	
将非财务因素转换为价值化指标	万元	1981	2199			218
三、财务、非财务合计	万元	3798	5878			2080

③根据 20××年一季度宝钢钢管公司价值贡献衡量情况，其模拟评价如图 5-9 所示。

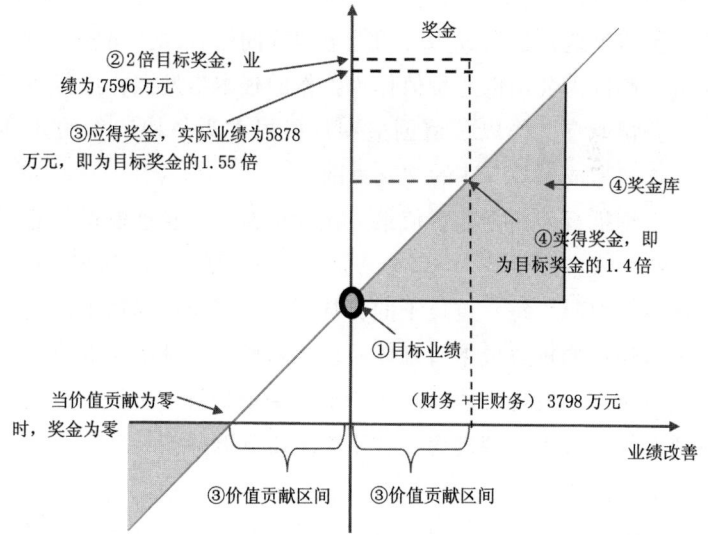

图 5-9 宝钢钢管公司价值贡献衡量情况模拟评价

④一季度宝钢钢管公司价值贡献衡量模拟评价图分析说明。

a. 目标业绩=3798万元。

b. 假设价值贡献区间取值=3798×2=7596（万元）。

c. 实际业绩=5878万元，则实际奖金为目标奖金的1.55倍（5878/7596×2）。

d. 假设奖金库分发上限倍率为目标奖金的140%，则多余部分存入奖金库。

宝钢钢管公司尝试全面引入价值管理（VM）的概念，并初步构建了价值管理体系。公司形成了以"创造价值"为核心的理念。

该体系通过运作已初显成效，通过宣传、组织和动员，各价值中心普遍增强了VM意识。在各价值中心的努力下，提出了大量实用的价值增值方案，分厂之间加强了价值中心之间的横向联系。价值创造正逐渐成为公司上下的共同语言，公司各部门、全体员工都以为公司创造价值作为工作的根本出发点，进行系统思考，公司所有工作以价值创造和价值损害为一切工作的评判标准，逐步形成全员VM的文化氛围。

宝钢推行面向企业价值最大化的精益成本管理取得了显著成效，年均成本降低率为3.5%。加强成本管理工作已经成为企业内部各个部门、每一位员工的自觉行动，一个运作精干高效、响应灵敏快捷的精益成本管理体系已经形成，一种围绕价值创造开展定义价值、发现价值、实现价值、衡量价值、维护价值、宣传价值的精益成本管理理念正在不断地得到升华。

宝钢基于标准成本的作业成本管理的探索与研究

宝钢在推进精益成本管理的过程中发现标准成本不是万能的,在某些方面具有一定的局限性,怎么来完善、细化标准成本呢?带着这个问题,我对宝钢基于标准成本的作业成本管理进行了有益的探索与研究。

宝钢推进作业成本管理是对标准成本管理的发展和完善。在作业成本推进过程中,一方面选择标准成本管理比较薄弱的区域,另一方面运用作业成本管理的思路对标准成本管理进行细化。

6.1 推进作业成本管理与标准成本相结合的总体原则

1. 对标准成本管理进行补充和完善的原则

在标准成本管理薄弱环节（如维修费、能耗、辅料折旧等）进行推进，对标准成本的预算因子（成本动因）进行细化、完善等。总的来说，作业成本管理要对标准成本进行补充和完善。

2. 作业成本推进成果固化原则

（1）案例总结：通过作业流程的分析、单项作业成本推进成果、作业中心的划分等以案例的形式进行总结，并在总结的基础上推进作业成本。

（2）操作标准的改进：作业流程的改进、不增值作业的消除等可以通过修改操作标准进行固化，使作业成本真正起到消除不增值作业的效果。

（3）作业标准的制订：通过业务系统对作业动因进行数据收集和整理，形成作业标准，为成本控制和预算控制提供依据，为标准成本中的成本标准的制定提供科学、合理的依据。

3. 作业成本管理比较适用原则

作业成本管理本着作业成本比较适用的原则，选择作业流程比较清晰、作业动因与作业之间因果关系比较密切、需要分摊的成本比例较高等区域来进行作业成本管理的推广。

4. 重要性和可操作性原则

（1）作业中心的划分：突出重点作业，简化非重点作业；

（2）作业动因的选择：寻找主要的一、二个成本动因；

（3）重点成本项目的选择：成本所占比例较大、指标比较重要、成本管理较薄弱的项目等；

（4）基础数据的收集：选择信息化水平较高的区域。

5. 以业务部门的需求为主原则

宝钢精益成本管理既是财务部门的工作，更是业务部门的重要工作。在作业成本管理推广过程中，财务部门的主要职责是组织和引导，具体业务的推广应由各厂部根据本部门成本管理的需要和个性化的需求，结合各部门的成本管理重点，有选择、分步骤地进行。

6.2 作业成本管理与标准成本相结合在宝钢的推进思路

1. 宝钢推进作业成本管理的实质是运用作业成本管理的核心理念和方法，进一步发展和完善标准成本管理以及推进现场成本精细化管理。作业成本管理作为提升公司成本管理水平的一种手段，是一项长期的、持续的工作。

2. 作业成本管理在以下几个方面提升了标准成本制度，一是发展了以计划值（历史值）做为成本标准制订依据的管理方法，作业成本通过作业分析，消除不增值作业，再进一步完善成本标准；二是作业成本促进了业务人员与财务人员、业务数据与财务数据、业务标准与财务标准的进一步融合，提升了业务支撑成本管理的水平；三是细化成本管理，为细化成本责任、成本分摊提供更为科学的业务标准。

3. 在推进作业成本管理的过程中会遇到许多细节性的问题或困难，解决这些问题的过程既是一个不断学习的过程，也是理顺作业流程、提升成本管理水平的过程。同时结合各单元的生产、管理实际，财务、生产技术人员的认识也在不断地变化，逐步摸索一条适合宝钢成本管理特点的作业成本管理之路。

4. 作业成本管理的推进与生产、工艺、技术等紧密结合，作业流程的梳理、作业动因的寻找、作业优化分析等都离不开现场业务人员。充分调动现场生产、技术人员参与的积极性是各试点单元作业成本管理推进的保证。

5. 主作业线成本管理系统的推进是作业成本推进的重点工作之一。成本管理系统要结合现有成本管理系统（如成本标准维护系统、明细产品成本系统等）的总体思路和计算逻辑，在充分利用好现有系统数据的基础上，一方面为公司级成本管理系统提供更完善的数据支撑；另一方面可以结合现场实际情况，增加内部管理用的模块或标准，体现不同部门成本管理的个性化需求。经过理论探讨和利弊权衡，选择了业务比较独立、作业成本需求较强的运输费用和科研费用为作业成本法的试点。这里简单介绍一下宝钢运输部门和科研项目推行作业成本管理的情况。

6.3 运输作业成本推进案例分析

6.3.1 运输部门推进作业成本管理的目的和意义

宝钢的运输成本管理经历了消耗额管理—责任成本管理—标准成本管理三个阶段。标准成本管理是通过运输成本中心费用的收集来对运输总成本进行控制。由于服务的特殊性，运输部门在推进标准成本管理的过程中遇到一些难点，如：单体设备的运输成本、每一托运作业流的成本、设备的经济性分析、内部绩效衡量的合理性等等，作业成本法的应用为解决这些问题提供了契机。

运输部门推行作业成本管理的目的，一方面在于掌握运输成本分配的流向，即明细产品消耗的运输成本，为公司各类产品定价提供更准确的成本依据；另一方面在于掌握单体运输设备的成本、各类运输作业的成本、作业方式变化对成本的影响等等，以降低物流成本和为承接市场运输业务价格谈判提供依据。

6.3.2 不同运输方式下的作业成本管理

运输部门的作业成本推进是借运输管理机的开发建立单体设备数据库、作业标准数据库、绩效评价体系和价值评价体系、明细产品运输作业成本数据库等作业成本模块，并依据运输方式的不同提出具体作业成本计算需求：

（1）汽车作业成本

以托运号+车型为核心进行管理，计算其标准成本及实际成本。计算步骤如下：

a. 已知各车型的月度总成本，单位：元。

b. 统计各车型的月度总作业量（如：总周转量，单位：吨/千米）。

c. 车型单位成本 = 车型月度总成本/月度总周转量，单位：元/吨·千米。

d. 标准作业量 = 用户定义（如：运距×标准装载量，单位：吨/千米；其中，运距从托运号带出，标准装载量从托运号+车型带出）。

e. 托运号+车型作业成本：当月托运号+车型作业成本 = 车型单位成本×标准作业量。

汽车作业成本明细查询，如图6-1所示：

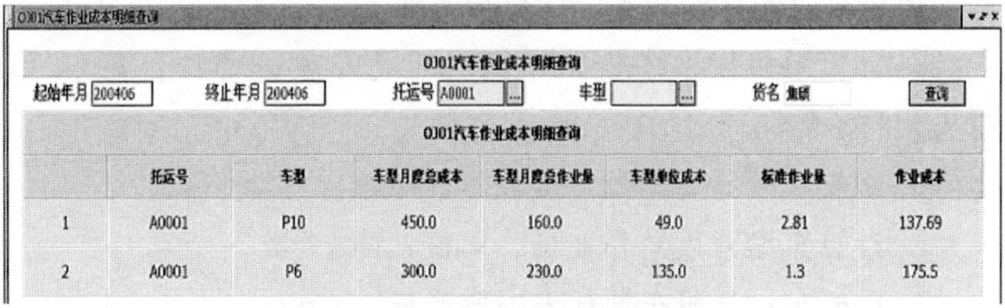

	托运号	车型	车型月度总成本	车型月度总作业量	车型单位成本	标准作业量	作业成本
1	A0001	P10	450.0	160.0	49.0	2.81	137.69
2	A0001	P6	300.0	230.0	135.0	1.3	175.5

图6-1 汽车作业成本明细查询

(2) 水运作业成本

以单体设备+货种+船型为核心进行管理,计算其成本。计算步骤如下:

a. 已知各机械代码的月度总成本,单位:元。

b. 统计各机械代码的月度总作业时间,单位:小时(与统计报表通算能力分母计算口径一致)。

c. 计算单机小时成本 = 月度总成本/月度总作业时间,单位:元/小时。

d. 统计各机械代码+货名+船型作业量(从报表中取)。

e. 统计各机械代码+货名+船型作业时间(从报表中取)。

f. 计算各机械代码+货名+船型作业成本 = 单机小时成本(c)×作业时间(e)/作业量(d),单位:元/吨。

(3) 船队作业成本

计算步骤:

a. 已知各条船月度总成本,单位:元。

b. 统计各条船月度总作业时间,单位:小时(从报表中取)。

c. 计算单船作业成本(小时成本)= 月度总成本/月度总作业时间,单位:元/小时。

(4) 铁路作业成本

以车型+货名为核心进行管理,计算其车型的单位成本和车型下货名对应的作业成本。计算步骤如下:

a. 计算单机成本中铁路车辆(工艺车辆,普铁自备车(Z打头))的成本。

b. 根据a项计算车型月度成本,单位:元。

c. 计算车型月度总作业量,单位:吨/千米。

(a) 机车:从机车油耗表中取运量。

(b) 车辆:工艺,从单机作业表,杂品实绩表,铁水收发存表（每个混铁车按 290 吨运量）中取。

（c）普铁，从装卸实绩中取自备车的装卸量。

d. 计算车型的单位成本＝车型月度成本（b）/车型月度总作业量（c），单位：元/吨·千米。

e. 计算某车型下货名的运量，单位：吨。

（a）普铁：从装卸实绩中取自备车对某货名的装卸量（车型为 Z，装卸量合计）。

（b）工艺：从单机作业表（货名为钢锭，wagonId 的车型）杂品实绩表（group by 货名和台车 1 的车型）铁水收发存表（车辆是 TPC）中取。

f. 计算车型＋货名的单位成本＝车型的单位成本（d）×车型下货名的运量（e），单位：元/千米。

至此，建立了宝钢运输部的不同运输方式的作业成本核算模型，它更加合理地核算不同运输方式的成本，为产品销售决策提供依据。

6.4 科研项目作业成本推进案例分析

6.4.1 宝钢科研项目成本的内容

宝钢的科研项目是指研究开发新技术、新产品、新工艺、新装备或促使其在本单位应用，推进企业技术进步的，有计划、有组织的，以项目组形式开展的科研活动单元。科研成本是项目经费和间接费用之和。项目经费包括直接人工、直接材料、外协费用以及其他直接消耗的费用等；专项费用和管理费用包括折旧费、备件维修费、试验检验费、资料费、会务费、差旅费、管理人员人工费、物业管理费、业务招待费等（见图6-2所示）。

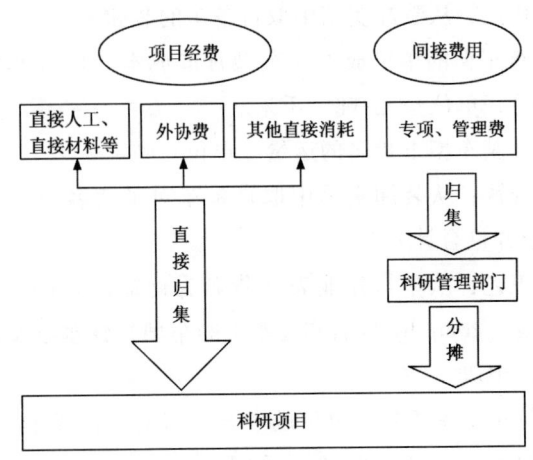

图6-2 科研项目成本内容

通过对历史数据的整理和分析，宝钢目前的科研成本中间接费用所占比例已超过2/3，众多的费用游离在"项目经费"之外，项目经费已不能完全揭示科研投入的实际情况。针对科研项目个性化强、核算管理相对独立、人员素质相对较高的特点，宝钢引入作业成本法来加强对科研项目的管理。

6.4.2 作业成本法举例——以某产品冲压成形技术研究为例

在传统成本核算下，某产品冲压成形技术研究项目的成本如表6-1所示。

表6-1 某产品冲压成形技术研究项目的成本

序号	费用明细	实际发生额（万元）
1	工资	33.4
2	附加费	9.1
3	返聘费	12.3
4	材料费	0.2

第6章 宝钢基于标准成本的作业成本管理的探索与研究

续表

序号	费用明细	实际发生额（万元）
5	外协费	10.8
6	交通补贴	1.6
7	差旅费	3.6
8	邮电费	0.1
9	科研项目经费合计	71.1
10	分摊的管理费用	34.4
11	科研项目成本	105.5

在作业成本法下，通过对该项目活动过程的作业分析，其项目成本如表6-2所示：

表6-2　　　　　　　　项目成本

序号	作业名称	服务次数	费率	费用（万元）	备注
一	直接作业			210.08	
1	原材料			0.60	
2	拉伸实验	96	0.23	21.65	
3	成形实验	16	2.90	46.46	
4	摩擦实验	50	0.71	35.51	
5	数值模拟		105.86	105.86	
二	辅助作业			41.89	
1	信息检索	1	0.25	0.25	
2	金相与扫描	4	0.56	2.24	市价
3	材料剪切等加工	6	0.50	3.00	
4	委托业务			25.00	
5	专利费	2	5.00	10.00	每项含3万元奖励
6	技术秘密	4		1.40	
三	支援作业			6.00	

续表

序号	作业名称	服务次数	费率	费用（万元）	备注
1	条件处			2.00	
2	能介费			4.00	
四	管理作业			40.00	
	管理成本			40.00	
五	项目成本			297.97	

从上述对比分析可见，同样的科研项目在传统成本核算法下和在作业成本法下的项目成本有很大的差异。

6.4.3 科研项目作业成本开发模型

作业成本管理的推进需要用大量的基础数据作为支撑，如何获取数据和利用数据是作业成本管理工作的重中之重。在建立科研管理信息平台的基础上，宝钢提出了科研作业成本计算模型：

第一，将宝钢科研活动中的作业划分为四个层次：①直接作业层：科研人员直接从事的活动；②辅助作业层：协助科研人员完成研究的活动；③支援作业层：确保科研活动能正常开展的活动；④管理作业层：指组织层次范围的管理、服务活动。四类作业层之间的资源流转分配如图6-3所示。

第二，对四个层次的作业进行细分（如图6-4所示），建立各作业层的消耗分配模型，主要是确定成本动因和分配率。

第三，对于系统无法自动收集的数据，由相关人员通过手工输入画面输入（如图6-5所示）。

第四，建立作业成本核算系统（如图6-6所示）。

至此，建立了宝钢科研项目的作业成本分配模型和作业成本核算系统，它更加合理地核算科研项目成本，为项目决策提供

第 6 章 宝钢基于标准成本的作业成本管理的探索与研究

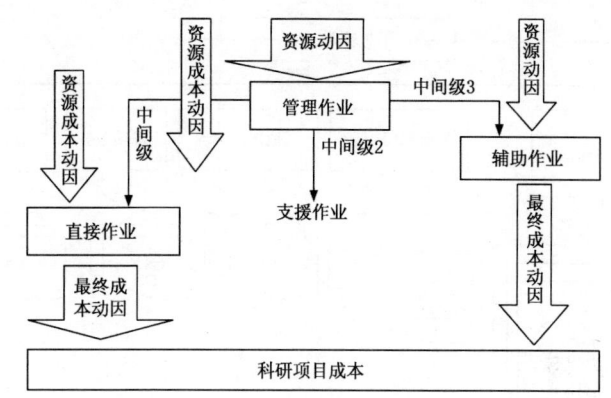

图 6-3 四类作业层之间的资源流转分配

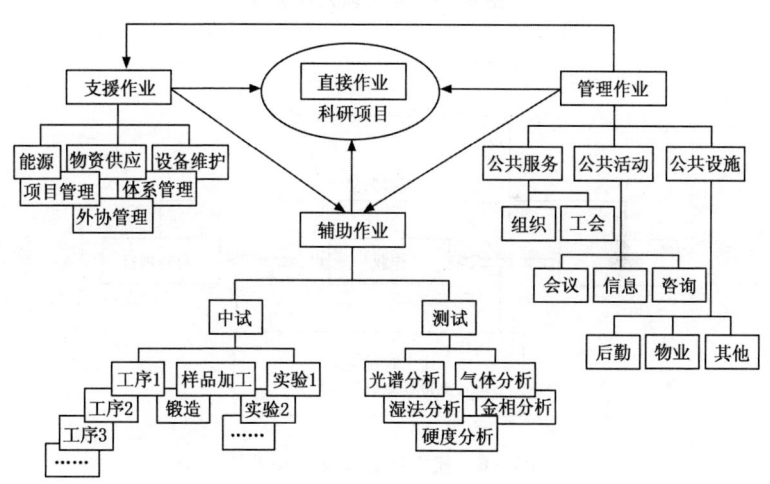

图 6-4 各作业层的消耗分配模型

依据。

宝钢的精益成本管理引入了作业成本管理，是以作业成本管理的思路来发展和完善目前的标准成本制度，细化宝钢的标准成本管理，进而为公司的经营决策提供有效的支撑。

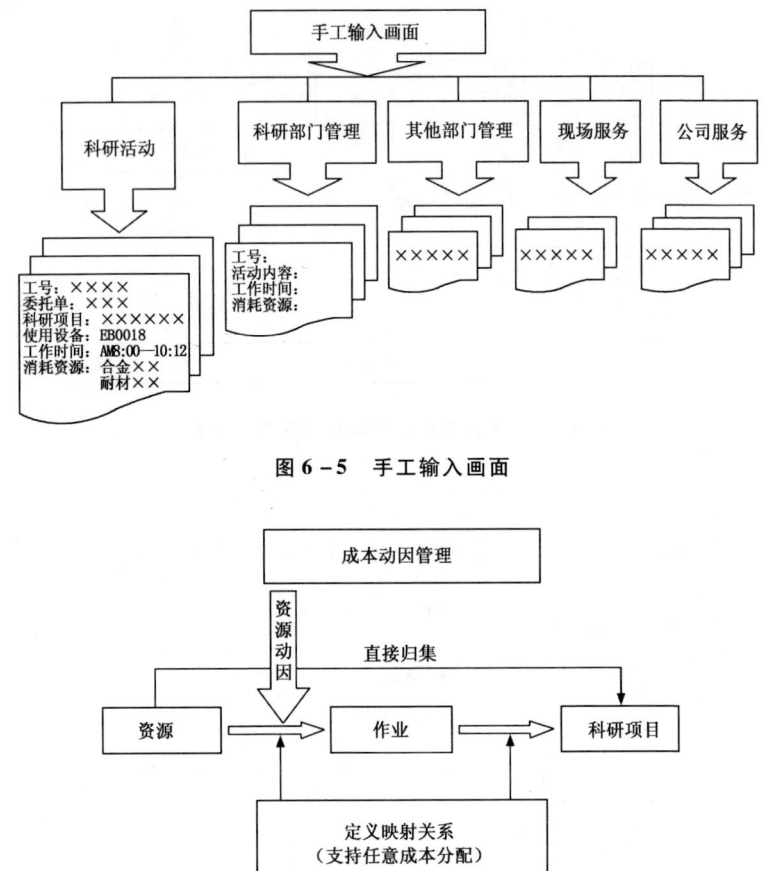

图 6-5 手工输入画面

图 6-6 建立作业成本核算系统

第7章 宝钢精益成本管理中的供应链成本管理研究

供应链管理（SCM）是近几年在国内外逐渐受到重视的一种新的管理理念、管理模式。21世纪的市场竞争，将不仅仅是单个企业之间的竞争，而是供应链之间的竞争。企业要在竞争中取胜，必须加强与供应链上的所有供应商、制造商、批发商直到用户的联盟，实现供应链上所有的物流环节的最优化。

供应链的实质包含供与需两个方面，也可以理解为供需链，即物流从供方开始沿着各环节向需方流动，每一环节都存在需与供的对应关系，形成一条首尾相连的供需长链，链上除有物料的流动以外，还有信息的流动。

供应链管理是在全球制造出现以后，在企业经营集团化和国际化的趋势下提出并形成的，它摒弃了局部管理的思想，采用系统的观点和方法对物流系统进行管理，是一种整体优化的管理模式。其基本思想包括：

（1）系统的观点，即不再孤立地看待供应链上的各个企业，而是把从供应商、制造商到销售商、用户的整个供应链看成一个有机整体。

（2）共同的目标，最终顾客创造的需求，才使得供应链得以存在，而且只有顾客满意，供应链才能延续与发展。因此，最终顾客对产品或服务的成本、质量等方面的要求，成为供应链中所有参与者的共同目标，即将合适的产品或服务，按照合适的状态与包装，以合适的数量、合适的成本费用，在合适的时间、合适的地点送到合适的客户手中，并使总成本为最小。

（3）新型的企业与企业之间的关系，通过仔细选择业务伙伴，减少供应商数目，变过去企业与企业之间的敌对关系为紧密合作的业务伙伴关系，共同解决问题，实现信息共享。

（4）全新的库存观念，供应链管理不再把库存看做调节供应链中供需不平衡的首选方案，认为库存不一定是必需的，它只是起平衡作用的最后工具。

（5）集成化的管理思想，供应链管理采用系统的、集成的管理思想来统筹整个供应链的各个功能。为了实现共同的目标，通过业务流程重构等方法消除供应链各节点企业的自我保护主义，实现供应链的集成与优化，通过核心企业的管理思想在整个供应链上的扩散和移植，实现管理思想的集成。

供应链管理是当前国际企业管理的重要方向，也是国内企业富有潜力的应用领域。供应链管理理论的应用，使供应商、制造商、销售商不再单兵作战，而是通过物流形成一个联合体，共栖、共生、共荣，是对传统管理理论的彻底变革。它从纵向一体化转向横向一体化；从职能管理转向过程管理；从产品管理转向顾客管理；从企业间简单的交易管理转向长期的战略联盟关系的管理；从对物的管理转向对信息的管理；从单元竞争转向多元竞争，即从"通过你的损失而形成我的赢利"转向从供应商到顾客都赢利；从实有资源管理转向实用资源管理，即从过去只有抓到手里的才叫资源转向把供应链上下游合作伙伴的资源扩展为自身的资源；更重要的是，从用户管理库存转向供应商管理库存，过去，用户进货以后，就开始充当库存管理的角色，承担着补货、信息掌握等任务，在供应链管理环境下，库存管理的角色变为由供应商承担。

供应链管理（SCM）不仅成为学术界研究的一个热门领域，也为企业界所广泛关注，目前宝钢已采用 SCM 思想加强物资采购成本控制和外协成本控制并因此而增强了公司的竞争能力。

7.1 建立基于供应链的宝钢物资采购成本控制

在控制物资采购成本方面，宝钢主要采取了供需合作，加强物资供应链管理。

（1）开展产供研一体化活动，降低采购成本。长期以来，宝钢物资采购部门一直注重加强与供应商的技术合作，不断开展优化替代、国产化等质量、科研攻关，成功地实现了用价格低廉的高炉锰铁替代价格昂贵的中碳锰铁，用铜镍替代电解铜和电解镍，用复合电石脱硫剂替代纯电石粉脱硫剂等，经济效益可观。宝钢三期投产后，又加强了资材国产化工作的推进力度，对部分耐火材料、探头、砂轮、液压油、预处理液、电极等共 18 个项目进行了国产化。国产化项目的实施，为宝钢创造了可观的效益。

（2）积极探索新的采购成本管理模式。宝钢在国内冶金行业中推行国外普遍采用的无库存采购备件供应的管理模式,无库存的供应项数逐年扩大,通过"无库存"方式的采购,需方减少了库存量,降低了库存资金,供方有了稳定的市场,双方得利,增加了效益。为了进一步挖掘采购质量降本潜力,在生产、采购、设备管理等环节共同推行了寿命计价、功能计价的管理模式。如宝钢高炉风口采用寿命计价采购管理后,风口寿命提高了50%,破损率降低了45.83%,休风率降低了0.407个百分点。在耐材功能计价方面,与20多家耐材供应商签订了功能计价合同,既调动了供应商的积极性,又使股份公司的效益有了较大的提高。

(3)培育竞争机制,开展竞价采购。宝钢充分利用买方市场的有利条件,全面推进以招标采购为主的竞价采购。经过努力,在招标的条件、标书内容和形式、投标方的邀请、操作程序等进行了统一和规范。分专业成立了招标、评标小组,采取集体评标、定标,评标与采购人员分离,避免了"暗箱操作"。

(4)建立战略协作,实施战略采购。大宗原燃料、矿石的价格波动对企业成本影响很大。为稳定原燃料供应,宝钢积极向上游行业进行战略性拓展,与国内外多家企业先后进行了战略协作,实施战略采购,对宝钢原燃料成本的稳定具有重要意义。

7.2 建立基于客户关系管理的宝钢成本改善

随着生产技术的进步以及经济发展的全球化和一体化,企业间竞争日益剧烈。企业战略从过去的"产品"导向转变为"客户"导向。为了提高"客户满意度",企业必须要完整掌握客户信息,准确把握客户需求,快速响应个性化需求,提供便捷的购买渠道、良好的售后服务与经常性的客户关怀等。客户关系管理(Customer Relationship Management,CRM)即在此背景中产生,它是通过对客户信息的分析、挖掘可以深入了解客户的需求;发现客户进行交易的规律和价值客户的构成规律等等,从而根据这些信息作出正确决策,以实现"提供正确的产品(或)服务,提供给正确的客户,以正确的价格,在正确的时间,通过正确的渠道去满足客户的需要和愿望"。

7.2.1 为顾客创造价值的过程构成和影响因素

管理大师哈默博士认为,在现代市场竞争的环境中,企业存在着以下原则:①企业的使命是为顾客创造价值;②给顾客创造价值的是企业过程;③企业的成功来自于优异的过程业绩;④优异的过程业绩需要有优异的过程管理。

企业价值链研究表明,企业创造价值的领域在创新、经营和售后服务三个过程中,如图7-1所示。

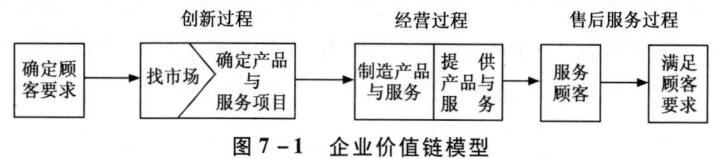

图 7-1　企业价值链模型

7.2.2 客户关系管理的内涵和客户赢利性分析

(1) 客户关系管理的内涵

客户关系管理既是一种营销理念,更是一种基于数据库的管理系统。客户关系管理(CRM)是一种旨在改善企业与顾客之间关系的新型管理机制，它实施于企业的市场营销、销售、服务与技术等与客户相关的领域。其目标是一方面通过提供更快速和周到的优质服务吸引和保持更多的客户；另一方面通过对业务流程的全面管理降低企业的成本。利用 CRM 系统，企业能收集、追踪和分析每一个客户的信息，从而能够对个别用户的需求作出反应，最终在适当的时间、通过适当的渠道、向特定的用户提供个性化的产品与服务。通过 CRM 系统还能观察和分析客户行为对企业收益的影响，使企业与客户的关系及企业的盈利都得到最优化。

客户关系管理的出现要求企业从"以产品为中心"的模式向"以客户为中心"的模式转移，即企业关注的焦点应从企业内部运作转移到客户关系上来。借助于 CRM 系统，企业可以建立与客户之间的"学习关系"，即从与客户接触中了解他们，并在此基础上进行一对一的个性化服务。CRM 提供了一个收集、分析和利用各种方式获得客户信息的系统，也提供了一种全新的经营战略和方法。它可以帮助企业充分利用它的客户关系资料扩展新市场和业务渠道，提高客户的满意度和企业的盈利能力，使企业在空前激烈的竞争中立足和发展。CRM 系统能够很好地促进企业与客户之间的交流，协调客户服务资源，给顾客作出最及时的反应。有了 CRM 的支持，所有的客户关系都将贯穿客户的终生。通过对客户知识的管理和挖掘，不仅有助于现有产品的销售，而且还能够根据客户特定的需求为他们量身定做，真正做到"以客户为中心"，从而赢得客户的"忠诚"。

（2）客户赢利性分析

客户赢利性分析是实施顾客满意战略的管理技术与支持方法。所谓客户赢利性分析就是将客户产生的成本与客户产生的收益进行比较，根据客户是否带来赢利进行决策的方法。客户赢利性分析产生的背景是分销渠道的增长和客户支持服务的增加，这些营销活动增加了企业的营销成本。哈佛大学著名会计学家罗伯特·卡普兰（Robert S. Kaplan）对瑞典某企业的调查表明，该企业的营销成本占总成本的34%，而直接人工成本占19%。显然，一个企业对占总成本34%的营销成本不能忽视。更重要的是，卡普兰发现，5%的赢利性最大的客户为企业提供的利润占企业利润总额的150%；10%的赢利性最差的客户为企业造成的损失占企业利润总额的120%。可见，控制营销和客户支持成本对企业赢利至关重要。

"80/20"管理法则认为"80%的利润来自20%的客户"，少量的客户为企业创造了大量的利润。由此可见，每个客户对企业的贡献率是不同的，这就决定了企业不应将营销努力平均分摊在每一个客户身上，而应该充分关注重要客户，将有限的营销资源用在能为企业创造80%利润的关键客户身上，如大量使用者、老客户以及某些关键客户。但是，企业也不能尽快地减少不赢利的客户，因为企业与客户的关系通常都是长期的。进一步讲，提供多种产品或服务的企业在评估客户赢利性之前应该识别与客户的交易。

客户赢利性分析包括如下步骤：

①建立客户数据库，获取客户信息。

在实施客户满意战略的企业看来，客户是最宝贵的资源。因此，企业必须像管理其他资源一样对客户进行管理，做到像了解公司的商品一样了解客户及其变化。

客户数据库是企业内部最容易收集到的营销信息，是企业决策的重要信息。信息技术的广泛使用为企业建立客户数据库提供了条件。客户数据库可以容纳很多详尽的信息，通过有效使用此类数据库，公司可以更好地了解客户的需求，然后再按客户需求设计产品、提供服务,从而加强与客户的关系。此外,数据库信息可以令企业与客户产生直接而具体的沟通,或一对一的沟通。而现在大多数公司采取的是大众化的沟通,未能有针对性地与客户沟通。

客户数据库不仅仅是通讯录,而是一个客户的资料宝库。它包括:储存每个客户喜欢什么和不喜欢什么的信息;人口统计资料和生活方式资料;购买基本情况,最近的一次购买、购买频率、购买数量、商品等级、付款记录、公司与客户的联系情况等尽可能详细的信息。这些信息可以帮助我们判断客户的价值,更好地对客户进行细分,以确定更合适的产品与营销组合。

客户数据库信息的获取主要依靠企业每次与顾客的接触,并把这些信息记录下来。包括:销售日记、促销活动中客户的资料、客户联谊会、产品售后服务维修记录、客户服务部的热线电话。当然通过中介结构,如市场调查公司等,也可以获取相关的客户信息。

②核算客户成本。

正确核算成本是客户赢利性分析的第二步。20 世纪 80 年代发展起来的作业成本分析提供了有效的成本核算方法。依据成本动因将成本归集到每一项作业,可以准确地确定每一顾客的服务成本。表 7-1 是高服务成本与低服务成本客户的一些基本特征。

表 7-1　　　　客户类型的服务特征

客户类型	高服务成本客户	低服务成本客户
服务特征	购买特制产品	购买标准产品
	小批量订货	大批量订货
	提出不可预料的需求	提出可预料的需求
	特殊的交货方式	普通的交货方式

续表

客户类型	高服务成本客户	低服务成本客户
服务特征	交货要求有变化	交货要求无变化
	更换交货时间	不更换交货时间
	手工加工	机器加工
	大量的售前准备	较少的售前准备
	大量的售后服务	无售后服务
	要求高技术保障	不要求技术保障
	需要企业保留存货	随生产补充
	付款缓慢、应收账款多	及时付款

③客户类型分析与策略。

通过对客户的赢利性进行分析后,可以将客户划分为四种类型:如图7-2所示。从图7-2中可以看出,客户可以分为四类:Ⅰ.高收益,低服务成本;Ⅱ.高收益,高服务成本;Ⅲ.低收益,低服务成本;Ⅳ.低收益,高服务成本。只有位于图中对角线上方的客户才能为企业带来赢利。图中左上方的客户能产生高收益且只需很低的服务成本。这些客户应受到严密的观察,因为他们往往是行业内竞争者觊觎的客户目标。

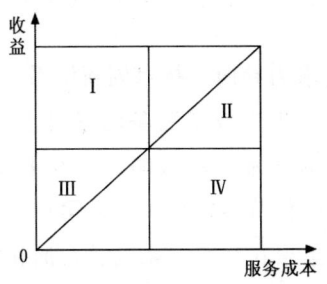

图7-2 服务成本与收益的关系

对于高服务成本的客户，首先要找出高成本的原因。或许客户是新客户，大多数成本是由于发展与客户的关系产生的，这些成本将会不断减少。如果高成本是因为特殊订货、小批量订货、临时订货等原因产生的，企业可以将这些信息提供给客户，鼓励客户同企业协作，改变客户昂贵的需求方式。企业也可以改进内部作业，与客户保持融洽的关系，以降低服务成本。图中右上方的客户，尽管他们有很高的服务成本，但由于其能提供很高的收益，企业同样可以获利。图中右下方的客户，他们有很高的服务成本，却只能提供低收益。企业可改进同这些客户的关系，使他们向图中的左上方移动，以实现盈亏相抵，并进而获利。如果客户不能或不愿意改变购买和交货方式，企业可以调整价格政策，降低原准备给予的折扣，并对特殊的服务收取费用。

7.2.3　基于客户导向的宝钢客户价值创造体系

目前，公司以重点产品为中心共计建立10大类产销研一体化推进组织。产销研一体化小组作为跨部门的横向协作组织，面对严峻的市场形势发挥了积极的作用，为公司的生产经营和管理水平的提升作出更大的贡献。如采取对标方式，及时跟踪用户的要求和竞争对手的动态，通过内部挖潜，使主要产品的成本竞争力不断增强。

（1）以用户需求为导向的技术创新体系

宝钢在引进国外先进技术装备的基础上，逐步确立了"不断满足用户需求"的技术创新战略。产品开发与用户的需求结合。随着产品需求变化节奏的加快，公司在产品的研发和市场定位中，首先将目标集聚在汽车、家电、石油和集装箱等重点行业及关键品种上，实行从产品开发、生产控制到销售服务全过程按标准＋α组织生产的用户满意体系。形成跨专业、跨学科、多课题组合的研发机制。目前公司级的重大研发项目中,大多数实施了跨专业、跨学科、多种技术的组合,坚持科研、技改、国产化和改善性维修协同作战,通过科研与生产、科研与市场的结合,获得了预期效果。"高炉喷煤"项目,在喷吹煤种、粒度结构、输送能力以及接受能力等课题上,进行组合式研发和攻关,取得重大突破,使宝钢炼铁技术处于世界领先水平。技术改造实行项目业主负责制,加速掌握关键和核心技术的步伐。在技改中形成了宝钢自己的核心技术,在后来实施的钢管水淬、炼钢溅渣护炉等项目,均由自己直接管理和负责。

(2) 客户导向的产品营销体系

在建立覆盖全国营销体系的同时,宝钢充分运用海外子公司的营销网络,拓展国际化经营,在海外市场开拓方面形成了东南亚、东亚、美洲、欧非等相对稳定的区域市场。通过国内外两个市场的联动及海外市场合理的资源调配,不断优化出口产品结构。多年的实践证明,宝钢不仅在国内市场上可以和进口产品竞争,而且在国际市场上也可以参与竞争。宝钢产品在国内的销售实行直供为主,主要发展下游各行业有影响的大企业成为直供用户。宝钢对直供用户优先落实所需资源;对汽车、家电、石油等行业的重点直供用户,优先按其要求组织生产和开发新产品;通过宝钢营销网络中的区域性或专营性分销机构落实直供服务,并开展经常性的上门技术服务。发展配送,优化营销物流管理过程。为优化公司产品的供应链,宝钢致力于在用户所在地区建立钢材加工中心,建立远距离加工配送体制,实现供需全程的技术、经济管理保证。宝钢营销系统建立了 10 几个钢材剪切中心,为用户提供配送服务。此外,宝钢通过区域性分销机构已在国内组建了多家品种齐全、现货现送的钢材超市,实现了钢材多品种的就近配套供应,满足小用户的零星需求。推进产销研一体化小组工作。开展产销研一体化小组活动是宝钢坚持多年并行之有效的一大创举。每年设立的若干一体化小组是以用户需求为导向，以产品为对象，在现有生产、技术、营销、科研、财务等部门之间加强横向沟通形成的一种虚拟组织形式，以实现对市场和用户快速、联动和整体的反应。

（3）客户导向的快速响应体系

加入WTO后，国内钢铁市场竞争已不再仅仅是单个企业价值链之间的竞争，更表现为整个产业价值链之间的竞争。为应对入世挑战，宝山钢铁股份有限公司从提高自身的快速反应能力着手，不断缩短产品生产周期，建立了市场快速反应机制。

在全面推进按周交货的同时，为适应市场变化满足战略用户的特殊需求，宝钢还建立了快速反应联络体制。

（4）客户导向的一贯制管理的生产运营体系

缩短平均交货期，抛弃"分工越细、效率越高、经营效果越好"的观念，以及由此而形成的金字塔式的层层递阶控制、部门繁多、分工太细的组织结构，在重新审视整个企业生产经营过程后，根据企业的工作流程（包括物流和业务流），利用信息技术，对企业的组织结构和工作方法进行"彻底的、根本性的"重新设计，以适应当今市场发展和信息社会的需求。宝钢提出了企业的组织结构和工作设计应该要从面向功能转变成为面向过程，强调要以"作业流程"为中心，依照跨部门的作业流程，将分散于各部门的职务重新组合等等一系列企业重构的原则。这意味着在坚持专业分工的前提下，简化横向分工，即能由一个部门管理的业务，不要分到两个甚至更多的部门去管，能由一个人管的业务，不要配备两个或更多的人去分管。专业分工能提高效率，但是分工要适度，衡量这个度的标准，就是看能否提高管理工作的效率。

（5）构筑宝钢战略合作平台

宝钢的战略合作平台"融入上下游、纵横国内外"。宝钢的国内市场优势已经十分明显，在国内钢铁市场特别是中高档钢铁产品的竞争中"一枝独秀"，但深层次的忧患意识一直是宝钢前进的动力，宝钢员工意识到：一方面，钢铁市场波动性大、国际贸易争端此起彼伏，良好的市场大局随时可能发生变化；另一方面，新一轮钢铁建设热潮兴起，大量"新兵"闯入钢铁领域，加上国外巨头的中国战略日益凸显，市场瓜分激烈。在这样的形势下，建立长期、稳固、互惠互利的合作伙伴关系网，就显得十分重要。

搭建战略合作平台，宝钢有着自己的"联姻法则"，做强做大是贯穿其中的主线。汽车板是钢铁市场价值含量最高的产品，宝钢与一汽、上汽、东风等集团结成战略伙伴，一改过去单纯的原料供应关系，而在钢材供应、技术开发、钢材加工、物流、汽车销售，电子商务等其他多方面合作，这就使宝钢深入汽车用钢的前期开发，与汽车巨头们共担风险；同样，引入新日铁公司合作建设1800冷轧项目，带来的不仅是日方在汽车板上的先进技术，宝钢也能通过新日铁与日系车商的常年供应关系来扩展新市场；与金川集团、平煤集团等合作，则能构筑稳固的煤炭和有色金属供应基地。

第8章

构建宝钢精益成本管理中的相关专项成本管理

8.1 建立宝钢特色的质量成本管理

从理论角度讲，质量成本主要是企业内部运行而发生的质量成本，其可进一步分为两类：(1) 为保证满意的质量而发生的各种投入性成本，如预防成本和鉴定成本；(2) 因没有获得满意的质量而导致的各种损失，如内部故障成本和外部故障成本。

8.1.1 宝钢质量成本内容与质量成本关系

（1）宝钢质量成本内容

宝钢质量成本管理实践同现行理论认识基本一致，认为：质量成本是指企业在生产经营

第8章 构建宝钢精益成本管理中的相关专项成本管理

过程中,为确保和保证满足用户的要求(产品质量和服务质量)而发生的费用以及未能满足用户的要求而造成的损失。质量成本是企业经营成本的重要组成部分,是产品质量经济性的重要体现,它从经济的角度反映了质量体系运作的有效性。它的具体构成如图8-1所示。

质量成本 {
  内部故障成本:废品损失、次品损失、产品降级损失、返修损失等
  外部故障成本:赔偿损失、退换货损失、降价损失及诉讼费用等
  鉴定成本:试验检验费、质量检验部门办公费、检验及质检部门人工费、检测设备维修、校验、折旧费
  预防成本:质量活动管理费、质量改进措施费、质量审核及评审费等
}

图8-1 质量成本的具体构成

(2) 质量成本关系分析

质量成本各构成部分之间的关系分析为进行质量成本规划,采取有效的质量保障措施和降低质量成本提供依据。预防成本、鉴定成本与内部故障成本、外部故障成本之间存在着一定的反向变动关系。预防成本和鉴定成本的增加,有可能使内部故障成本和外部故障成本降低。同时,预防成本与鉴定成本之间,内部故障成本与外部故障成本之间也存在着一定的依存关系。预防成本的增加,有可能使鉴定成本适当减少,得力的预防控制措施,有可能使质量故障大为减少,从而适当减少检验鉴定业务,从而减少鉴定成本。内部故障成本与外部故障成本之间也存在着一定的关系,对有可能存在质量隐患的产品在产品出厂前进行返修或者报废,使会计记录上的内部故障成本增加,但可以减少产品出厂后的故障,从而减少相关的外部故障成本。进行质量成本控制,要对质量与成本之间、质量成本各构成部分之间的关系,有比较清楚的认识,以便在对各种质量控制措施和相关的质量成本支出进行抉择时作出正确的判断。

质量成本的不同组成部分之间存在反向变动关系，改变不同组成部分的成本必然改变质量成本总额，反映在曲线上，质量成本总额必然有一个最低值，这个最低值也就是特定产品的质量成本的最佳值。不少学者对这一问题进行过探讨。费根堡姆（Armanel. V. feigenhuam）首次提出了质量成本概念，主张把质量预防成本和检验成本与产品不合要求所造成的厂内损失和厂外损失一起加以考虑。在他描述的质量成本模型中，把产品质量同企业的经济效益联系起来，当产品不符合质量和制造质量较低时，事故成本就上升，反之，则下降。但是，如果要想达到较高的产品合格率，即制造质量较高，预防成本通常就会上升，而检验成本则趋于相对稳定。

8.1.2 建立宝钢质量成本管理流程

成本管理处是公司质量成本的归口管理部门，负责质量成本管理程序（如图8-2）的制订、实施与推进，负责质量成本的日常统计、分析工作，负责质量成本年度预算的编制、报批、下达等工作。制造管理部负责对各部门质量成本年度目标进行审核，对质量成本进行跟踪、分析，并对质量主要问题进行确认，不断揭示质量改进机会，寻求质量改进突破口。厂、部、处、分公司负责本部门质量成本目标的制定、实施、跟踪、分析、改进等工作。

8.1.3 宝钢质量成本管理的措施

目前，质量成本管理措施和内容比较完整地反映在质量成本统计和追求精益运营上。主要措施有：

（1）统一质量成本统计口径

宝钢成本管理部门组织制造管理部和各生产厂来共同推进质

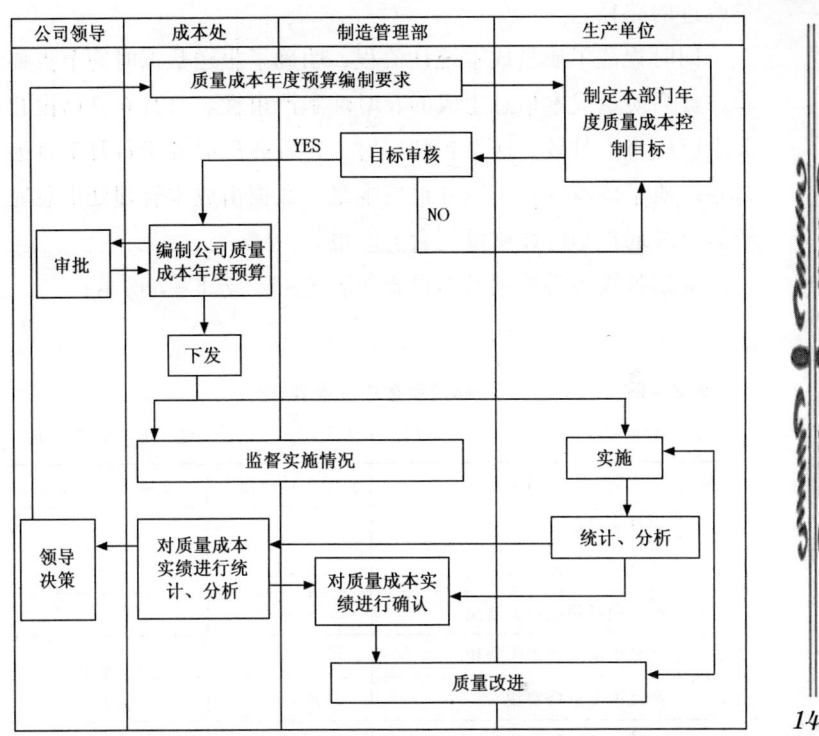

图 8-2 质量成本管理业务流程

量成本管理,首先统一质量成本统计口径,明确了质量成本管理受控内容。

(2) 规范质量成本信息揭示

在统计产品内部报废损失时,仅统计因质量原因报废的废钢量,正常的损耗不作为质量成本进行统计。质量成本按区域统计,而不按责任归属进行统计,比如热轧的板坯切损统计入热轧质量成本,冷轧的来料原因、性能不符等统计入冷轧质量成本,但对非本工序影响造成的质量成本可以特别注明,以便于寻找质量改进的路径。

同时规范了质量成本统计流程,明确了报送数据时间节点要求,提高质量成本信息生成的及时性和严肃性。每月6日前由相关生产厂将上月数据送至各驻厂财务,各驻厂财务于每月7日前将各厂质量成本统计完毕并报成本组,数据由成本管理处汇总完毕后每月或每季度在质量例会上汇报。

宝钢各级各类质量成本报表如表8-1、表8-2所示:

表8-1　　　　　　　　部门质量成本报表

200×年××月　　　　部门:×××　　　　单位:吨、元/吨、元

序号	项目名称	数量	单位损失	金额	备注
一	内部故障成本				
1	产品内部报废损失费用				
2	产品内部报次损失费用				
3	产品内部降级损失费用				
4	产品内部返修费用				
	小计				
二	外部故障成本				
1	质量异议费用				
2	质量保修费用				
	小计				
三	鉴定成本				
1	质检站费用				
2	制造部检测中心费用				
3	取样、试验等费用				
	小计				
四	预防成本				

第8章　构建宝钢精益成本管理中的相关专项成本管理

续表

序号	项目名称	数量	单位损失	金额	备注
1	质量管理活动费				
2	质量改进措施费用				
3	质量审核及评审费用				
	小计				
五	质量成本合计				
其中：外部原因造成损失					

表8–2　　　　　　　　　质量成本报表

200×年××月　　　　　　　　　　　　　　单位：万元、元/吨、%

序号	项目名称	费用总额	比例占销售额比率	吨坯材费用	备注
一	内部故障成本				
1	产品内部报废损失费用				
2	产品内部报次损失费用				
3	产品内部降级损失费用				
4	产品内部返修费用				
	小计				
二	外部故障成本				1.200×年销售额为：×××亿元； 2.200×年商品坯材产量为：×××万吨
1	质量异议费用				
2	质量保修费用				
	小计				
三	鉴定成本				
1	质检站费用				
2	制造部检测中心费用				
3	煤焦试验室费用				
	小计				
四	预防成本				
1	质量管理活动费				
2	质量改进措施费用				
3	质量审核及评审费用				
	小计				
五	质量成本合计				

（3）优化质量设计，提高操作水平，稳定和改进产品质量

宝钢在管理实践中认识到，企业的生产过程控制水平与产品质量及成本有着密切的联系。据此，他们提出"成本是生产出来的"，只要提高生产操作水平，强化内部控制，稳定产品质量，从而减少质量降级和质量异议就意味着效益的增加和成本的降低。

近年来，宝钢明确将"精益运营，追求6σ"作为生产经营总目标之一，以全员参与、绩效管理、用户驱动、精益工具的应用为重点，强化过程控制，推进精益生产，追求6σ，确保生产稳定和产品质量的稳步提高。总的来说，实施6σ后可获得如下效益：增加盈利；根据用户定义的关键质量环节监控运作；提高经济效率；增强竞争地位；减少浪费；消除重复劳动成本；提高生产率和质量。

8.2 建立宝钢特色的事故成本管理

企业生产要求在常态下进行，即设备、人员操作保持稳定良好的状态。唯有如此，才可以使资源按照预定计划配置，使资源耗费即成本费用受控，使产品质量、产量达到经营计划和技术方面的要求。宝钢自建厂初就注意到这一点，主要通过设立的"点检定修"和"标准化作业"制度来保证。目前宝钢实践中，既有通过细化生产现场各项制度和方法来防范事故成本的发生，也有公司管理部门通过风险管理手段实现事故成本最小化。

8.2.1 实施状态检修

保证设备处于良好的运行状态是提高经济性、安全性和可靠

性的关键。设备的可靠运行不仅离不开良好的设备检修质量和合理运行操作,也离不开设备状态的检测,只有发现萌芽状态的设备缺陷,才能把事故消灭在萌芽状态。状态检修就是确保设备可靠、经济安全运行的一个重要手段。

状态检修的基本思想是:维修方式从事后维修向以点检定修制为核心的预防维修发展,其目的是为了使生产得以合理安排,通过这种维修方式,可以避免和减少设备故障停机,有效提高设备管理水平。

8.2.2　标准化作业

宝钢在引进、消化和吸收国外先进企业的科学管理和先进技术基础上,探索、创新了一整套以标准化作业为基础的现代化管理模式,实现产品质量标准化、设备点检定修标准化、作业动作标准化、工作时间标准化、安全防护标准化、作业环境标准化、管理程序标准化、标志信息标准化,等等。

宝钢通过实施标准化作业,既奠定管理的科学化和现代化的基础,也为提高产品质量,保障安全,预防质量事故、人身和设备安全事故的发生提供了先决性条件。

8.2.3　细化生产现场各项制度

宝钢对各类严重事故实行月度奖金否决办法。

由相关管理部门根据公司《生产操作事故管理办法》、《质量纪律、质量事故管理制度》、《设备故障与事故管理制度》和《安全清洁、文明生产考评办法》有关规定,负责对事故的责任分析和分级判定。

发生对公司生产稳定和企业形象造成严重影响的各类生产操作事故、质量事故、设备事故和安环方面事故,公司考评工作小组视事故的性质和对公司生产稳定、合同完成等的影响程度综合考虑，根据责任追溯的原则，参照既定标准对相关责任部门月奖进行否决。

8.2.4　以风险管理手段实现事故成本最小化

作为近年来的工作重点，成本管理处引入保险管理。他们进行产品责任险和利润损失险等新保险品种的研究和设计，并对现场人员进行保险知识培训。通过保险管理，尽可能地降低事故成本，分散生产中的事故风险，为生产的常态运营提供保障。

8.3　建立宝钢特色的环境成本管理

在发展过程中，宝钢秉承了关注环境成本、不断减轻生态负担的投资和管理理念，在一二期工厂设计时就充分考虑了环保装置的投入，加上对不足部分的不断完善改造，宝钢主要环保指标（污染物排放合格率和综合利用率）达到国内同行的领先水平。三期工程中对环保的投资达26.3亿元，超出一期工程3倍多，各种废物排放量远远低于国家排放标准。钢铁企业是耗能大户，稍不注意就会造成巨大的成本漏洞。宝钢在生产环节上充分考虑各种能源介质的回收利用，通过不断优化能源系统管理和实施局部节能改造，吨钢能耗已达到世界先进水平，绿色环保和节能降耗为宝钢创造了很好的社会与经济效益。

8.3.1　环境管理与环境报告

（1）新型工业化道路与环境管理

由于中国是世界上人口最多的发展中国家，如果不改变主要依靠增加资源投入的粗放型经济增长方式，资源和环境都难以承受，因此中国必须走新型工业化道路。

新型工业化道路的本质特点有二：一是跨越式发展，"工业化过程不能逾越，但可以缩短或跨越某些阶段"；二是可持续发展，"既要考虑当前经济发展的需要，又要考虑未来经济发展的需要；不以牺牲后代人的利益为代价来满足当代人的利益"。

针对我国的国情，必须把资源消耗低和环境污染少，实现可持续发展，作为走新型工业化道路的基本要求。资源消耗低，就是要提高能源、原材料利用效率，减少资源占用与消耗；环境污染少，就是要推行清洁生产、文明生产方式，发展绿色产业、环保产业，加强环境和生态保护。

（2）宝钢环境管理报告

环境报告的使用者通常为：政府机构、国内外投资者、金融机构、用户、社区等。

宝钢采用国际上通行的独立报告的模式，主要内容包括：企业概况、环境管理政策、环境管理目标、环境改善举措（环保产品的开发等）、环境管理体系、环境绩效评价、环境成本及投资等。

8.3.2 环境成本及投入产出分析

环境成本定义为：本着对环境负责的原则，为管理企业活动对环境造成的影响而投入或被要求投入的成本，以及因企业执行环境目标和要求所付出的其他成本。

环境成本包括内部环境成本和外部环境成本。内部环境成本可理解为企业的环保成本，指企业直接或间接用于污染预防、环境保护的投入，包括人力物力和财力；外部环境成本包括公司对环境和社会的影响，是目前公司在财务上无法计量的。

环境成本的形成与分类：①企业资源使用费和排污费；②环境管理费用（包括环境体系审核费用）；③环境保护有关的研发费用；④环境监测费用；⑤环保设施的运行费用；⑥环保有关的人力成本；⑦采购、生产、销售、服务中与环保有关的其他费用。

根据《宝钢绿地资源评价与生态群落构建研究》科研课题，宝钢绿化投资得到不断增值。绿化新建费1.94亿元，养护费3.24亿元，合计5.18亿元。宝钢所有植物的市场价值即直接价值共为11.95亿元。宝钢绿地对制氧、固碳、净化污染物、涵养水源、调温等生态效益，为58.29亿元。

通过比较宝钢的环境成本的投入和产出，得出的结论是，宝钢特色的环境成本产出远大于投入，取得了很好的效果。

8.4 建立宝钢特色的人工成本管理

8.4.1 人工成本的定义和宝钢人工成本管理范围

（1）社保局对"人工成本"的定义

人工成本是指企业在一定时期内从事生产、经营和提供劳务的活动中，因使用劳动力而发生的各项直接和间接人工费用的总和。具体包括从业人员劳动报酬、保险费用、福利费用、教育经费、劳动保护费、住房费用、工会经费等。

从上述定义来看，人工成本统计口径为支付给本企业定员的人工费用，我们将其理解为"狭义的人工成本"。

（2）人工成本管理内容的拓展

从广义上看，除上述"狭义的人工成本"外，在一定程度上人工成本还可包括企业为生产经营而支付给提供"劳务"这种特殊商品的外单位的成本费用。此部分成本费用也应纳入企业的"人工成本"管理范畴。

具体到宝钢，随着公司多年"减员增效"工作的推进，在公司部分生产、辅助环节，采用了生产外协（作业外协、岗位协力工）、检修外协、科研外协、运输（采购、销售）代理、废钢供应、生活后勤服务、回收清扫等多种"劳务"用工形式。从"狭义的人工成本"角度来看，此部分"劳务"用工成本费用应由提供"劳务"的外单位统计，但股份公司人工成本的管理范围应拓展到以外协、代理等"劳务"形式出现的成本费用，据统计，2002年上述"劳务"费用共发生14亿元左右，显然公司应高度重视此部分成本费用。

只有通过设定相关管理指标对人工成本进行跟踪对比，并对不同用人结构进行价值分析，才能促进公司用人费用的价值最大化。

8.4.2 宝钢近年人工成本数据及指标对比分析

宝钢近年来人工成本呈上升趋势，年增幅为23%；从费用结构上看，劳动报酬一直位居首位，占人工成本的比例达到63.9%，其次是保险费用11.0%，住房补贴10.5%，福利费11.1%。

为进一步揭示人工成本与公司经营状况的关系，从多方面深入分析公司人工成本的变化趋势，并为公司人工成本决策和预警提供参考，公司可以从分析人工成本的水平、结构、投入产出等方面，设置以下指标。

（1）人工成本人均水平

人工成本人均水平 = 人工成本总额/从业人员平均人数

该指标揭示的是企业使用一名从业人员所需负担的平均费用水平，主要反映企业人工成本的基本状况。

宝钢年人均人工成本有较大幅度的上升，主要是用人薪酬及福利上升。

（2）人工成本占企业总成本比例

人工成本占企业总成本比例 = 人工成本总额/企业成本（费用）总额 ×100%

该指标揭示的是企业总成本中人工成本的比重，主要反映人工成本对企业总成本的影响程度。

（3）人工成本利润率

人工成本利润率 = 利润总额/人工成本总额 ×100%

该指标揭示的是企业人工成本投入与企业利润产出的相对数量关系，主要从人工成本角度反映企业的利润产出能力。

（4）人工成本产出系数、劳动分配率

①人工成本产出系数 = 增加值总额/人工成本总额

该指标揭示的是企业人工成本投入与企业工业生产新增价值的相对数量关系，主要从人工成本角度反映企业的工业生产增值能力。

工业增加值是企业全部生产活动的总成果扣除了在生产过程中消耗或转换的物质产品和劳务价值后的余额，即总产出与总投入的差额，是企业生产过程中新增加的价值。按收入法计算增加值的具体公式为：工业增加值 = 劳动者报酬 + 固定资产折旧 + 生产税净额 + 营业利润。工业增加值从内容上涵括了企业生产对国家、股东、劳动者、企业的价值贡献。

②劳动分配率 = 人工成本总额/增加值总额 ×100%

该指标是人工成本产出系数的倒数，它揭示的是企业人工成本占企业工业增加值的比重，主要反映工业增加值给员工个人的分配率。

（5）人工成本营业收入系数、人事费用率

①人工成本营业收入系数 = 营业收入总额/人工成本总额

该指标揭示的是企业人工成本投入与企业营业收入的相对数量关系，主要从人工成本角度反映企业的营业收入获取能力。

②人事费用率＝人工成本总额／营业收入总额×100%

该指标是人工成本营业收入系数人事费用率的倒数，它揭示的是企业人工成本占企业销售收入的比重，主要反映企业销售收入必须弥补人工成本的比率。

(6) 百元人工成本营业额

百元人工成本营业额＝营业收入总额／人工成本总额×100

该指标揭示的是百元人工成本投入的营业收入获取能力。

(7) 百元人工成本利润额

百元人工成本利润额＝利润总额／人工成本总额×100

该指标揭示的是百元人工成本投入的利润获取能力。

(8) "劳务"用工折算系数

"劳务"用工折算系数＝"劳务"用工年人均人工成本／宝钢年人均人工成本

该指标揭示的是外协"劳务"用工折算为宝钢内部用工的相对系数，可以指导外协人工成本的控制和结构优化。

综合上述10项指标，企业人工成本的管理需要考虑方方面面，既要控制其投入增长速度，也要增强其效益产出。通过分析，宝钢目前人工成本的控制状况较好，人工成本管理基本上保持了与其他管理的协调发展。

8.5　建立宝钢特色的设计成本管理

宝钢是一个现代化的联合企业，各生产工序环环相扣，相互影响，许多环节通过系统考虑，改进设计，对企业的降成本将大有益处。近年来,宝钢在改进设计方面下了很大的功夫,以控制、降低成本。

(1) 工艺环节改进和调整

降本增效必须以系统的眼光看待,通过工序间工艺设计的调整和平衡,可以实现相同要求情况下,企业总成本的降低。铁水脱硫工艺的再设计,体现了宝钢人的智慧,成为重新设计工艺降本的典型事例。铁水脱硫,是钢铁冶炼工艺中比较重要的一个环节。常规的脱硫方式主要有两种,一种是炼铁的高炉控制,另一种是炼钢的转炉脱硫。宝钢在生产实践中意识到,转炉脱硫相对于高炉脱硫而言,能起到事半功倍的脱硫效果,而且,在相同脱硫的效果下,转炉脱硫的成本也低于高炉脱硫,由此,宝钢经过对冶炼工艺的调整,取得了明显的降本效果。

(2) 改进过程质量设计

除了铁水脱硫,还有过程质量高精度控制,可以防止质量过剩,降低成本。此外,改进包装设计,也可以降低包装物成本。近年宝钢通过市场竞价,降低包装材的采购价格;改进包装方式,加强包装作业管理,降低包装材的消耗,在确保产品质量的前提下,根据用户实际情况选择合适的包装,避免包装质量过剩;根据新出台的包装方式制定包装加减价体系,形成价格梯度,与用户实现双赢;开展包装材替代研究,降低包装材成本;根据机组产量进行定员核定,减少包装人工费。

(3) 改进工艺流程设计和物料投入质量设计

宝钢进行了合金的投入环节设计、产品的生产工艺流程设计:优化 IF 钢转炉、精炼工艺,提高 IF 钢转炉停吹碳含量,降低钢水中的自由氧含量和转炉停吹温度,优化 RH 强制脱碳工艺,降低合金消耗;提高转炉复吹的有效性,强化底吹效果,普遍降低转炉钢水的自由氧含量,提高合金的收得率;试验新型合金脱氧剂，降低脱氧合金成本；推进某些合金的替代工作，提高替代比例，降低合金成本；继续推进耐材及部分辅料功能计价工作，从总体上降低耐材、辅料成本。

8.6　建立宝钢特有的生产组织成本管理

传统成本管理方法往往将视野囿于已有生产线和既定的生产流程，在产品成本构成项目上谋求资源耗费降低。宝钢成本管理人员冲破这一认识层次，借鉴"企业业务流程再造"理论，寻找降本增效的新领域，在实践中形成了"成本是设计出来的"、"成本是组织出来的"鲜明认识。

8.6.1　业务流程再造内涵和程序

业务流程再造就是以工作流程为中心，重新设计企业的经营、管理及运作方式。按照该理论的创始人原美国麻省理工学院教授迈克·哈默（M. Hammer）与詹姆斯·钱皮（J. Champy）的定义，是指"为了飞越性地改善成本、质量、服务、速度等重大的现代企业的运营基准，对工作流程（Business Process）进行根本性重新思考并彻底改革"，也就是说，"从头改变，重新设计"。为了能够适应新的世界竞争环境，企业必须摒弃已成惯例的运营模式和工作方法，以工作流程为中心，重新设计企业的经营、管理及运营方式。

在具体业务流程再造实施过程中，企业可以按以下主要程序进行：

（1）对原有流程进行全面的功能和效率分析，发现其存在的问题根据企业现行的作业程序,绘制细致、明了的作业流程图。一般地说,原来的作业程序与过去的市场需求、技术条件是相适应的,并有一定的组织结构、作业规范作为其提供保证。

(2) 设计新的流程改进方案,并进行评估

为了设计更加科学、合理的作业流程,必须群策群力、集思广益、鼓励创新。在设计新的流程改进方案时,可以考虑:将现在的数项业务或工作组合,合并为一;工作流程的各个步骤按其自然顺序进行;给予职工参与决策的权利。对于提出的多个流程改进方案,还要从成本、效益、技术条件和风险程度等方面进行评估,选取可行性强的方案。

(3) 制定与流程改进方案相配套的组织结构、人力资源配置和业务规范等方面的改进规划,形成系统的企业再造方案

企业业务流程的实施,是以相应组织结构、人力资源配置方式、业务规范、沟通渠道甚至企业文化作为保证的。所以,只有以流程改进为核心形成系统的企业再造方案,才能达到预期的目的。实施企业再造方案,必然会触及原有的利益格局。因此,必须精心组织,谨慎推进。既要态度坚定,克服阻力,又要积极宣传,形成共识,以保证企业再造的顺利进行。

8.6.2 改进成本最有效的途径是改进设计

成本是设计出来的。随着管理实践的深入,宝钢人认识到成本管理注意力不能仅聚焦于生产过程中的成本控制,这是因为:有什么样的过程质量设计、工艺流程设计等,决定了有什么样的成本水平。因此,改进成本设计是降低成本的有效途径。

8.6.3 生产组织优化是成本不断降低的重要手段

成本是组织出来的。宝钢人从炼钢工序生产管理中发现,不

第8章 构建宝钢精益成本管理中的相关专项成本管理

同钢种、不同规格的频繁转换,将直接导致连铸连浇炉数的下降,而连浇炉数的多少又直接影响到炼钢的生产节奏、中间包耐材消耗量、连铸坯报废量以及钢种的质量。统计数据表明,如果炼钢厂一连铸、二连铸、电炉连铸三个单元的连浇炉数均提高1炉,全年仅中间包耐材消耗成本就可降低2090万元。这说明了一个道理——成本是组织出来的,生产组织优化是成本不断降低的重要手段。随着市场竞争的加剧,用户的要求也越来越高,合同量减少而合同份数增加,给宝钢的生产组织带来了更大的难度。在满足用户需求的前提下,尽可能优化生产组织,不断降低成本,成为宝钢降本增效的新思路。为此,宝钢在合同组织优化和生产组织优化方面采取了一系列的措施。

合同组织优化主要包括产销平衡优化、合同计划优化、产品结构优化和合同运输方式优化等四个方面。产销平衡优化主要在研发工序投料系数,开发ESI动态产能模型,提高产销平衡精度,减少延期合同赔款等方面下功夫,以提高资源利用率、降低在制品库存;合同计划优化主要是加强合同归并,提高特殊品种、规格合同集批生产量,科学制定合同卷重、减少小卷余量,减少物流倒驳量、仓储量等工作;产品结构优化主要是扩大高附加值产品如深冲板、高强度焊接结构钢、机械结构钢、塑模钢等的销售量;运输方式优化主要是减少内河码头装船量、铁路外委运输量等。

生产组织优化主要推进措施包括:优化炼钢生产组织,提高连浇炉数,减少中间包使用量,减少交接坯报废量;优化无委托板坯的消化,减少头尾坯数量;优化生产组织,降低在制品库存;减少梯形坯的切损;减少冷轧返回卷量;减少彩涂机组的颜色切换次数;减少回炉坯的发生量;提高罩式炉、平整机组产能等。

8.6.4 加强生产过程的成本控制是提高成本竞争力的关键

成本是生产出来的。提高技术操作水平及稳定生产、强化内部控制，实施物品管理标准化，减少故障，减少质量降级和质量异议。

8.6.5 系统降成本观念必须得到加强

成本是系统运行的结果。对热能、电能进行系统分析，研究热电平衡，能源结构优化；堵塞能源系统的跑、冒、滴、漏，加强外协单位的用能管理，减少浪费；加强生产组织和上下工序的协调，推广热轧低温轧制技术，提高热轧热送率，减少煤气放散、热锭放冷等；进一步优化设备检修模式，减少对生产的影响；继续推进钢包、耐材供应及砌筑整体承包，使生产厂、供应商与砌筑商风险同担、利益共享。

8.7 建立宝钢特有的明细产品盈利能力管理系统

8.7.1 产销研运作体系

在2005年，公司建立了产销研一体化运作和推进的管理制度；成立了8大产销研一体化推进组，28个产销研小组；建立了新产品目标成本系统、质量成本系统和明细成本盈利分析系统（CE系统）等强大的支持系统，有效地支撑了公司的产销研决策。

8.7.2 明细产品盈利能力管理系统——"四大功能，支撑决策"

在 2006 年，CE 系统明细产品的成本标准来源于计划值和标准成本系统，在集成营销、制造、财务系统信息后为公司产销研提供明细产品盈利能力管理的支持。产销平衡会和各产品产销研推进会分析数据来源于该系统见图 8 - 3。

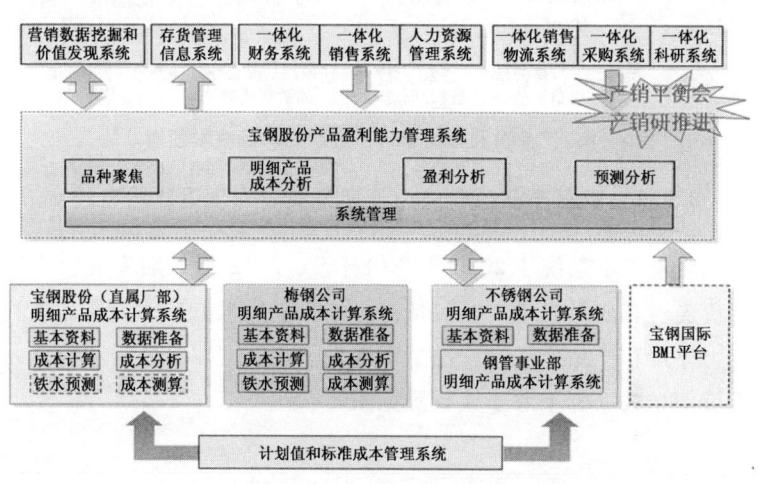

图 8 - 3 产品盈利能力管理系统四大功能

8.7.3 明细产品盈利能力管理系统——"明细产品成本预测"

2008 年金融风暴以后，CE 系统开发了"T + n"明细产品成本预测模块。以最近的时间窗口，滚动后两个月的成本预测，以最大可能接近实际成本的预测成本为公司资源分配和定价决策提供支撑。公司月度价格会成本数据来源于这个功能模块见图 8 - 4。

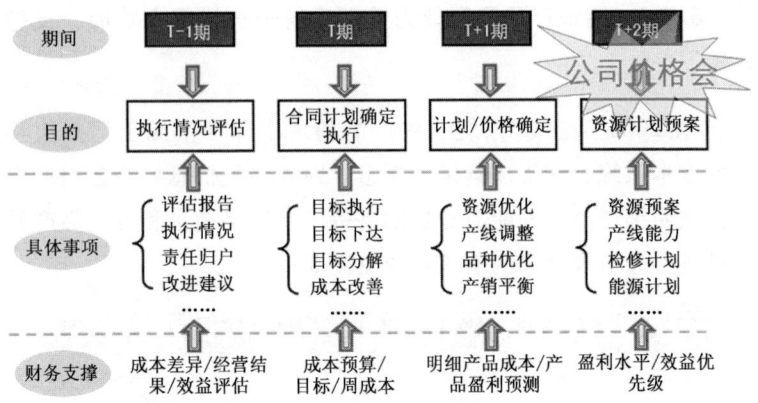

图 8-4 产品盈利能力管理系统明细产品成本预测功能

8.7.4 明细产品盈利能力管理系统——质量成本系统

质量成本系统于 2006 年开始开发，2012 年 2 期完成，主题库覆盖所有成材机组。它包括内、外质量成本信息，为产品盈利能力评价和产品质量过程控制都提供了有效支撑，公司和各单元质量例会数据都来源于该系统见图 8-5。

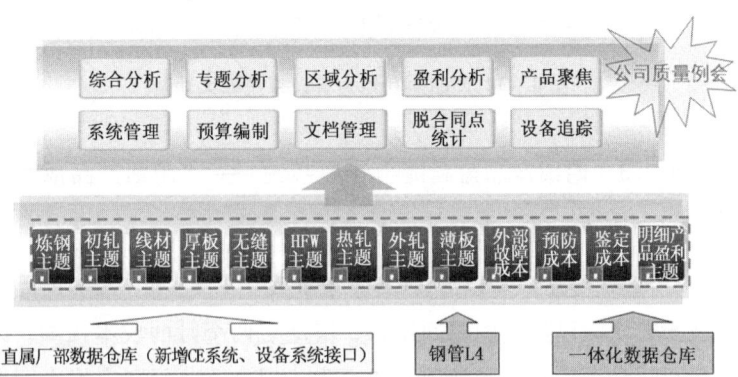

图 8-5 产品盈利能力管理系统质量成本系统

8.7.5 明细产品盈利能力管理系统——新试产品目标成本系统

2013年开发了新试产品目标成本系统,该系统以目标市场为导向,在科研阶段即引入成本测算,以目标市场价格,指导目标成本,将产品的设计指标转化为成本项目,并通过持续的成分优化设计和工艺路径的调整来实现设计目标。该系统实现了产品工程师和成本工程师的融合,为新产品的真正产业化提供了可能。科技例会数据来源于该系统支撑见图8-6。

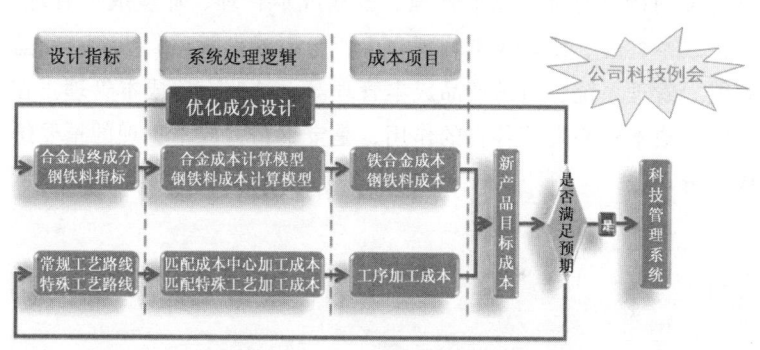

图8-6 产品盈利能力管理系统新试产品目标成本系统

8.7.6 明细产品盈利能力管理系统——效果

在产能过剩的市场环境下,钢铁市场利润空间不断被挤压的状况下,进入微利时代,CE系统的明细产品成本预测功能为市场定价提供了有力支撑。各类明细产品全流程变动、固定成本的组成向营销人员传递了销售价格的可接受范围见图8-7。

通过成本核算结果,不仅能看到大类产品边际贡献排序情况,结合CE系统后,还能够看到不同产品中分类的盈利排序情

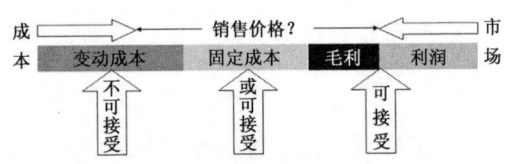

图 8-7 产品盈利能力管理系统效果

况,再与质量系统结合,考虑质量现货的明细产品盈利状况,能够进一步得到更真实的盈利排序。

至此,建立了宝钢精益成本管理中的相关专项成本管理,即具有宝钢特色的质量成本管理、事故成本管理、环境成本管理、人工成本管理、设计成本管理、生产组织成本管理、明细产品盈利能力管理系统、新试产品成本管理等。这些专项成本管理正在不同的成本中心发挥各自的作用,是宝钢精益成本管理的重要组成部分。

第9章

精益成本管理探索——标准成本与阿米巴结合提升 EVA

在 2015、2016 年发现,在产能继续远大于需求的情况下,微利都难保,这时必须精益求精,必须进一步划小核算单元,每天核算赚了多少钱。因此宝钢金属探索了把标准成本与阿米巴进行结合来提升 EVA。

9.1 阿米巴经营模式应用背景

9.1.1 适应市场变化及行业竞争的需要

2013 年起,宏观经济增长进入降速换挡的"新常态",短期内再难回到过去两位数以上的增长态势。2013 年,金属包装行业产能(含在建)是实际需求的 2 倍,产品价格每年降价 10% 以上。钢铁延伸加工板块盈利能力也在激烈竞争不断下滑，工业气体业务受下游影响也是量价双跌。从宝钢金属所处的产业链来看，成熟板块呈现以下共性：技术成熟、竞争充分、同质化严重、产能过剩，还要时刻面对新技术、新材料的冲击。从宝钢金属本身而言：中短期，同质化竞争考验企业效率；长期，万变的市场中创新能力和快速适应能力是生存关键。对于中短期竞争力，人是其他资源配置的载体，要提高公司的生产效率需以提高人的效率为抓手；对于长期竞争力，宝钢金属需要变身学习型组织，激发每一个个体的持续成长，以支撑组织的创新能力和适应能力。

9.1.2　阿米巴经营模式适合宝钢金属现阶段发展的需求

阿米巴属于原生动物，是一种变形虫，能够根据环境任意改变体形。日本"经营之圣"稻盛和夫先生创造了阿米巴经营模式，其定义为：在"经营公司不是只靠一部分的领导，而是让所有的员工都参与经营"的想法下，尽可能地把公司分割成各个细小的组织，并通俗易懂地公布各个部门的业绩来促进全体员工参与经营。阿米巴模式就是将大组织划分成许多独立经营、独立核算的阿米巴组织，就像一个小企业，有经营者，有销售额、成本和利润。其实质就是划小核算单元，通过授权、赋权把权责下移到最小单元，每天都能算出每个阿米巴每人每小时赚多少钱，每天、每周、每月可以横向、纵向进行竞赛，通过每天揭示差异，分析原因，提出改进措施，以实现持续完善和提高。阿米巴模式以单位时间创造的价值作为衡量员工为企业所作贡献的一个重要指标，经营的数据就是每个员工参与经营时要紧盯的"仪表盘"。阿米巴模式的每一个环节、每一道工序都实行市场化核算，实施严格规范的经营。阿米巴模式可以达到全员参与、透明经营、培养人才、创造价值的目的，在京瓷公司和日航的管理中均取得了巨大成就。

宝钢金属以"境界决定格局、仁爱立司、爱与信任"为价值理念,"勇于负责,变革创新,诚信协同,创造价值"为企业精神,一直以来致力于自主型员工队伍的建设,其最终目标是要所有员工都能自动自发参与经营,为企业创造价值,自己本身也获得成长,取得自我实现的快乐。这与阿米巴经营的目的(全员参与、透明经营、培养人才、创造价值)高度契合。宝钢金属选择了实践阿米巴模式,其思想和理念是:人才争夺激烈就培养人才;经济转型加速,就不断学习,保持创新能力、适应能力,快速应变;个体需求层次上移,就信任、授权、全员参与;大数据时代,就提升管理的频率、精度以及数据化;变身学习型组织,以提高人的效率为抓手,自下而上、全员参与、透明经营、培养人才、创造价值,在努力实现中短期管理改善的同时练就长期竞争力。

9.2 阿米巴经营模式应用与创新的内涵及主要做法

宝钢金属以调动全体员工创造价值的激情为目标,引入阿米巴经营模式,在应用中继承了宝钢多年以来标准成本管理的成果,结合运用标准成本分析思路,从结果到过程采取价值树层层剥笋式分析,分析差异、查找原因,实现 PDCA 循环改善;并创造性地解决了落地过程中阿米巴划分、内部定价、核算表设计、数据应用等难题,实现组织架构的创新,点燃全员参与价值创造的激情,有效促进 EVA 的提升;并通过 IT 系统开发,实现数据记录、报表输出、差异分析、问题推送等工作的自动化,减轻了基层工作压力,提高了数据准确性和效率,在系统层面实现协同,实现阿米巴模式与信息化融合,与日常工作相结合,极大促进了员工创造性和积极性,显著提升了企业经营效率和效益。

9.2.1 完善组织保障,夯实基础工作

1. 一把手高度重视,亲自负责推进

由于阿米巴模式将触动现有组织架构、制度流程、核算模式、绩效体系等各个方面的变革,并且具体如何操作也没有现成的模式,需要投入较多的资源,需要传递推进变革的决心,这都需要一把手的直接领导。此外,成立宝钢金属层面的推进工作小组,抽调各职能部门总监以上的业务骨干,具体负责日常推进工作,定期向一把手汇报进展、讨论思路。各实施单位也同样成立总经理负责的推进小组,从组织上保障决策与执行的效率。

2. 高度重视宣传导入

组织变革有了领导者的认同,还需要依靠主要管理团队的具体推动。通过学习、培训与讨论来统一认识、达成共识,是成功推动变革的重要前提。阿米巴模式作为一种组织创新、管理创新的活动,具有很强的实践性。首先,在认识层面,需要让实施单位通过学习、讨论、会议等多种形式,充分理解推行阿米巴模式的出发点和目标,思考如何从自身的角度积极参与其中。其次,才是从操作层面,摸索实施的具体方法。

培训工作也需要精心策划和组织。董事长负责公司直管领导人员的培训。主要包括以下方面的内容:(1)要求各级总经理统一思想,提高认识,积极学习并主动推进管理变革。(2)阿米巴模式是什么以及宝钢金属为什么要导入阿米巴模式。(3)阿米巴模式的具体操作方法,例如如何划分阿米巴,选择阿米巴长,如何进行内部定价,如何开展闭环管理。(4)阿米巴模式与绩效考

核的关系。（5）阿米巴模式与人才成长的关系等等。

3. 宣扬企业文化，夯实管理基础

阿米巴模式的基础是"敬天爱人"、"仁爱立司"的经营哲学，即员工和管理者之间、员工和员工之间高度信任，员工具有高度的自主和参与精神，与宝钢金属"勇于负责、变革创新、诚信协同、创造价值"的企业精神高度契合。阿米巴模式需要精细的原始数据采集，宝钢金属经过7年多的管理提升，在全面预算管理、标准成本、价值管理、KPI管理、精益生产、成熟度管理、网络式工作、信息系统建设等各方面都取得显著成效，具备相应的管理基础和数据准备。

4. 先试点、再推广

阿米巴模式可能触动现有组织架构、制度流程、核算模式、绩效体系等各个方面，需要实施单位的负责人有充分的认识和推动变革的决心与意志。而且，具体如何操作也没有现成的模式，需要不断探索和修正。先试点、再推广，能够有效控制风险。在试点单位的选择上，考虑三条原则：一是管理层积极主动，二是业务有代表性（可以向同类型公司复制），三是有明确的管理提升要求。宝钢金属最终选取了宝钢包装板块的成都制罐、金属制品板块的宝日钢丝和宝通制品三家进行试点。

9.2.2 科学划分阿米巴，建立核算体系

划分阿米巴的主要原则为：小组织、独立性、自主性、可量化性。在具体实施过程中要做到：

（1）收入可以合理定价；

（2）收入与支出按日（周）统计有管理基础；

（3）核心阿米巴必须首先确认。

根据上述原则及要求，宝日钢丝成立酸洗和营销两个阿米巴

（选择部分工序先行试点，待成熟后推行至所有工序）。

宝通制品在营销部及生产部成立了7个阿米巴：在营销部成立了以产品（钢绞线阿米巴、镀锌钢丝阿米巴、弹簧钢丝阿米巴）为单位的3个销售阿米巴小组，在生产部成立了以工序（酸洗阿米巴、拉丝阿米巴、绞线阿米巴、镀锌阿米巴、弹簧阿米巴）为单位的5个阿米巴小组，覆盖了所有的工序和产品；

成都制罐在现场和市场成立了7个阿米巴：在工厂部成立以生产班组（A班、B班、C班、D班）为单位的4个生产阿米巴小组；在销售部按客户类型（碳酸、茶饮料、啤酒）成立3个销售阿米巴小组。

成都宝钢制罐试点阿米巴架构如图9-1所示。

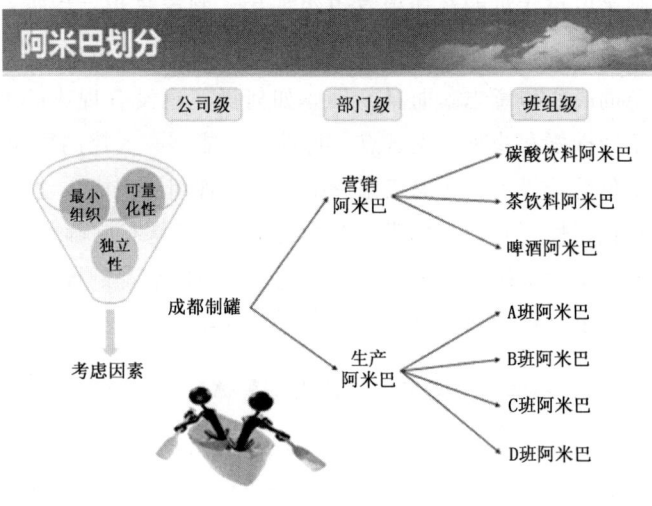

图9-1 成都宝钢制罐试点阿米巴架构

根据各阿米巴的工作任务及职责，制定相应核算办法，拟定对应核算表格，建立阿米巴核算体系。

推进小组通过对公司业务的深入分析，总结出7种可能的阿

第9章 精益成本管理探索——标准成本与阿米巴结合提升EVA

米巴类别,讨论制定了相应的设计原则,并设计了核算表表样,供实施单位选择参考。用通俗的名称总结出七种类型的阿米巴:

生产型:

(1) 包子铺——自产自销型;

(2) 裁缝铺——来料加工型。

销售型:

(3) 杂货铺——买断销售型;

(4) 彩票店——佣金型。

服务型:

(5) 包租婆——租金型;

(6) 跑运输——服务型;

(7) 街道办——公共服务型。

在设计环节,需要将EVA的管理思想融入核算表。提升EVA的方法一方面是增加收入、减少成本费用来提升经营利润,另一方面是在创造同样利润的前提下,尽量少占用资产。因此,原则上,折旧费计入生产阿米巴,营运资金占用成本计入销售阿米巴。

例1:成都制罐生产阿米巴为自产自销型阿米巴,其核算思路如下见表9–1:

表9–1　　　　成都制罐工厂阿米巴核算表

类别	核算项	
收入	产品收入(钢罐)	A
	产品收入(普通铝罐)	B
	产品收入(355铝罐)	C
	产品收入(高温铝罐)	D
	收入合计	E = Σ(A : D)

续表

类别		核算项	
费用	卷材	钢卷	F
		铝卷	G
	涂料与油墨	内喷涂料	H
		底印涂料—普	I1
		底印涂料—高	I2
		罩光漆—普	J1
		罩光漆—高	J2
		油墨—普	K1
		油墨—高	K2
		105CP	L
		105BM	M
		钢罐清洗剂	N1
		铝罐清洗剂	N2
		腐蚀剂	N3
		成膜剂	N4
	能源	气	O
		水	P
		电	Q
	包装物		R
	折旧		S
	维修费（平均）		T
	部门费用（平均）		U
	质量异议赔款		V
	费用合计		W = Σ（F：V）
工时	正常工作时间		X
	扣除工时		Y1
	工时划转		Y2
	工时合计		Z = X − Y
当日价值贡献			AA = E − W
当日单位时间价值贡献核算			AB = AA ÷ Z

（1）每班营业利润 = 班产量 × 售价 − 成本 − 费用

= ∑工序产量 × 工序销售定价 − ∑工序料耗 × 材料标准价格 − 费用（应摊：折旧 + 备件 + 维修）

有关说明：

a. 工序销售定价参考生产品种（钢罐、普通铝罐、高温铝罐）等因素；

b. 可将管理费用及部分制造费用考虑进材料标准价格；

c. 为避免班组间扯皮，费用的分摊按生产时间分摊；

d. 考虑剔除因素：换版、打样、切换、爬坡。

……

（2）每班废品成本 = ∑工序废品量 × 工序加工单价

有关说明：工序加工单价考虑物料消耗、机械磨损、能源消耗等因素。

例2：成都制罐销售阿米巴为买断销售型阿米巴，其核算思路为见表9−2。

每个阿米巴营业利润 = 开票量 ×（出厂价 − 采购价）− 销售费用 − 资金成本

有关说明：

a. 出厂价为公司定价，不等于最终销售价格；

b. 销售费用主要为差旅费、招待费、业务仓储费；

c. 资金成本为从入库时点到回款时点的资金成本（包括主原材料、成品和应收账款）；

表 9-2　　　　成都制罐销售阿米巴核算表

类别	核算项		
收入	罐身收入	A	
	罐盖收入	B	
	包装物回收收益	C	
	转单收益	D	
	收入合计	E = Σ（A：D）	
费用	罐身成本		F
	罐盖成本		G
	运费		H
	仓储费		I
	业务招待费		J
	差旅费		K
	其他部门费用		L
	资金成本	原料库存	M
		成品库存	N
		应收账款	O
	坏账损失		P
	赠罐		Q
	费用合计		R = Σ（F：Q）
工时	正常工作时间		S
	加班		T
	扣除工时		U
	工时合计		V = S + T - U
本周价值贡献			W = E - R
本周单位时间价值贡献核算			X = W/V

9.2.3 确定阿米巴内部定价体系

阿米巴模式需要划小核算单元，必然存在内部不当竞争、局部利益牺牲整体利益的风险。通过阿米巴内部定价机制的设计，利用利益分享机制和市场机制，将上下游的利益方向一致化，引导大家把蛋糕做大，以利益为牵引，促进产销协同，上下游协同。

具体定价方法有两种：一种是市场价格法。将外部市场价格引入内部交易，直接传递市场压力。这是最体现阿米巴模式主旨的方法。但实践中，很多交易无法找到可比的市场价格，为此，探索出另一种方法，即边际贡献三分法。将产品的边际贡献在生产、销售和职能部门间进行初次分配，职能部门按收支相抵原则。生产、销售按人均小时价值贡献起点一致的原则进行分配。生产各环节再细分阿米巴的，也按此原则进行细分。

例如：成都制罐定价过程如下。首先，需要用管理会计思路对利润核算报表做一次拆分，将收入、成本和费用按照相关性和可控性分别归结到各个相关主体。成都制罐按 6 大主体做管理口径调整：公司级费用（如人工成本，公司风险控制的保险费，公司社会责任的环境保护费、税费等）、销售阿米巴（如业务招待费、客户垫资利息支出）、生产阿米巴（如质量异议赔偿）、物流（如供应商垫资利息支出）、行政、财务。

收入的划分中，包材回收、转单收益归销售阿米巴，罐身收入通过内部定价在工厂和销售之间分割。同理，废料收入、材料采购价格通过内部定价在生产和物流之间分割。另外，物流、行政、财务作为支撑性部门，以收取内部服务费的形式维持运营。收入、成本、费用划分完成后，就可梳理出各个阿米巴的价值链并做损益测算。测算时将单位边际按照各阿米巴单位时间价值接近的原则做拆分，使各阿米巴的预测价值贡献之和＋公司级费用预测＝公司预测利润总额，以起到保证数据的严谨性和传导市场压力的作用。

阿米巴模式的内部定价结构图如图9-2所示。

阿米巴模式的定价思路

销售价值贡献：Σ各客户(销量×(不含税售价-运费-罐盖成本-内部销售定价))-仓储费-资金成本-业务招待费-其他销售费用+其他收入-内部服务采购

生产价值贡献：产量×(内部销售定价-Σ各类材料(单耗×内部采购定价))+废料销量×内部定价-固定成本-质量异议赔偿-内部服务采购

物流价值贡献：Σ材料耗量×(采购单价-内部采购定价)+废料销量×(市场售价-内部定价)×服务收入-内部服务采购成本-资金成本-折旧-部门费用

行政价值贡献：服务收入-折旧-内部服务采购-部门费用

财务价值贡献：政策利用收入+服务收入-资金效率利息-折旧-内部服务采购-部门费用

图9-2　阿米巴模式的内部定价结构

例3：平均单位边际为0.1元/只，生产阿米巴分到的0.048元/只单位边际在减去折旧等固定生产成本后单位时间价值贡献约为70元/（人·小时），销售阿米巴分到的0.009元/只单位边际在减去资金成本、业务招待费等固定销售费用后单位时间价值贡献也约为70元/（人·小时），同时公司提取的0.043元/只单位边际能保证人工成本、公司级费用以及未开展阿米巴核算的财务、行政、物流应承担的费用。成都宝钢制罐定价思路举例如图9-3所示。

第9章 精益成本管理探索——标准成本与阿米巴结合提升 EVA

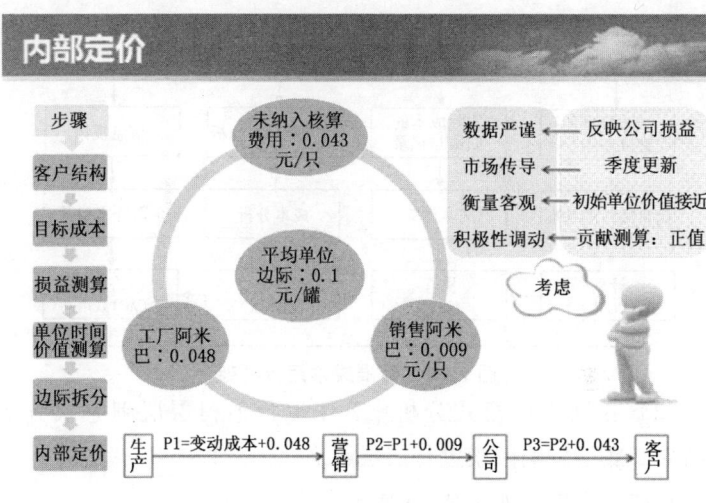

图 9-3 成都宝钢制罐定价思路举例

9.2.4 引入标准成本分析思想，丰富阿米巴模式的应用

宝钢金属在阿米巴模式应用中，生产阿米巴数据分析引入标准成本分析思想，并采取价值树层层剥笋式分析对经营结果进行剖析，使得阿米巴与标准成本等管理会计实践综合使用，整合多种管理会计工具结合本企业的特点灵活运用，使之发挥更大的作用。

（1）在阿米巴模式分析中引入标准成本分析思想。

一是阿米巴目标差异分析参照标准成本差异分析方式：差异 = 实际 − 标准（标准成本在进行差异分析时，公式是：差异 = 实际 − 标准）；二是成本差异直接按标准成本分析：成本差异 = 实际成本 − 标准成本；三是运用标准成本制度的 PDCA 循环模式：建立、维护阿米巴核算目标（P），核算每班阿米巴经营结果（D），分析每班阿米巴目标差异（C），提出阿米巴值改善措施（A）。

标准成本的运行框架如图 9-4 所示：

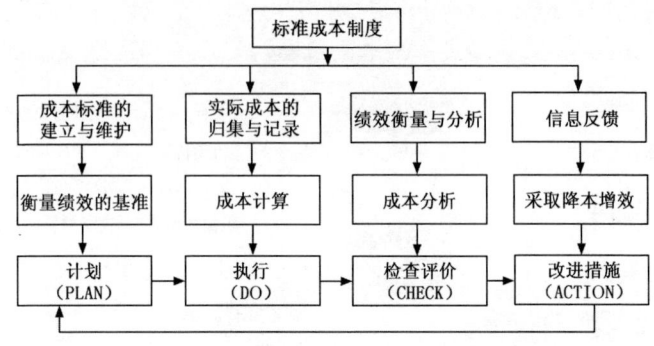

图9-4 标准成本运行框架

（2）在阿米巴模式分析中，采取价值树层层剥笋式分析，从结果到底层影响因素进行层层解剖。

整体分析思路如图9-5所示。

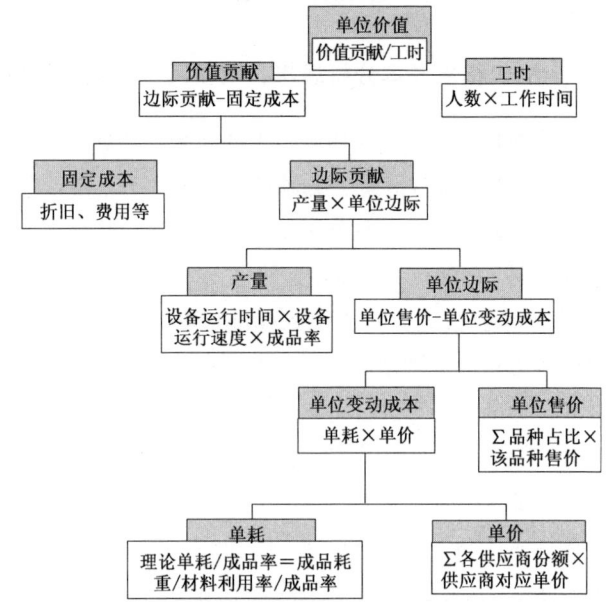

图9-5 阿米巴模式运用中的价值树分析示例

分析框架与关键点如图9-6所示。

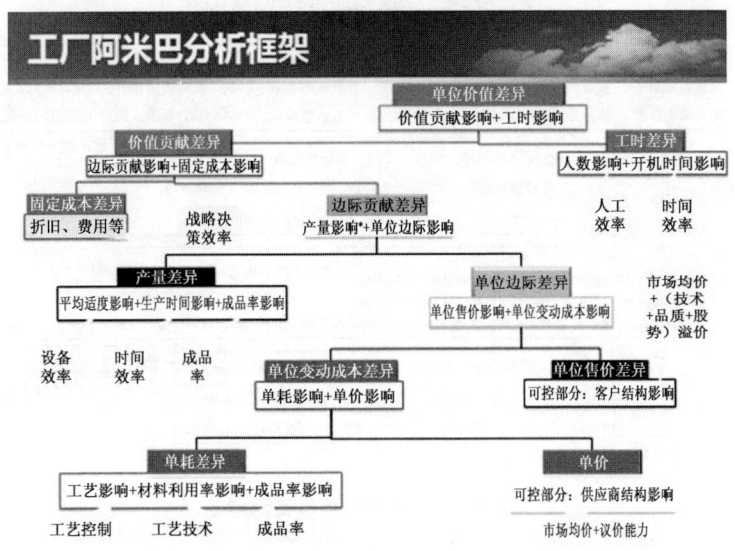

图9-6 价值树分析框架示例

(3) 结合价值树分析模型,建立阿米巴目标差异分析模型。具体分析思路如图9-7所示。

例4:成都制罐6月11日白班的工厂阿米巴目标差异分析

①发现差异。

首先利用标准成本思路(实际-目标=差异)找到目标差异:成都制罐6月11日白班的阿米巴目标值为111.3元/人·小时,实际值为86.7元/人·小时,单位时间价值贡献差异为-24.6元/人·小时。

②分析原因。

其次从结果到过程影响因素逐一分析各因素的目标差异(各支撑项的目标皆完成了,最终目标也就完成了)。在单位时间价值目标差异-24.6元/人·小时中,价值贡献目标差异

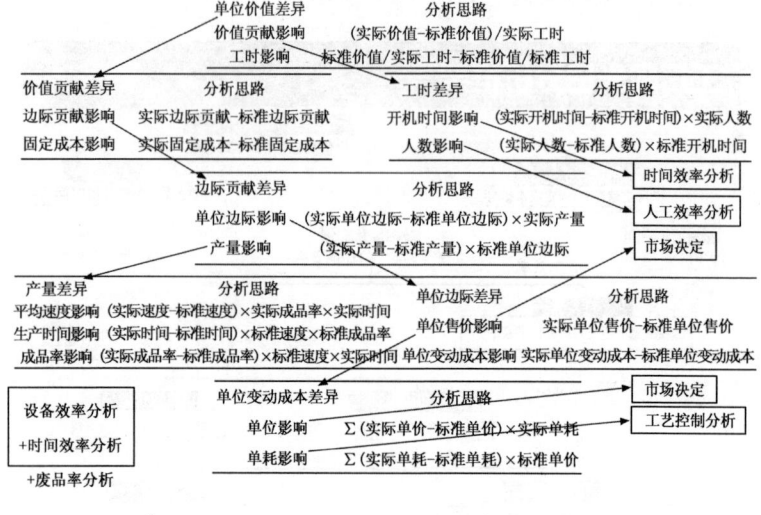

图9-7 具体分析思路示例

-5596元，影响单位时间价值-33.6元/人·小时，工时目标差异-13.5人·小时，影响单位时间价值9.0元/人·小时，主要因素为价值贡献差异。继续向下剖析价值贡献差异-5596元的原因：单位边际目标差异-0.0025元/只，影响价值贡献-2315元，影响单位时间价值-13.9元/人·小时，产量目标差异-61294只，影响价值贡献-3281元，影响单位时间价值-19.7元/人·小时。而产量目标差异的主要原因是生产时间少了54分钟，导致产量少了73924只（影响价值贡献-3957元，影响单位时间价值-23.8元/人·小时）；单位边际目标差异则是由于单位成本目标差异导致，可以直接采用标准成本分析法。具体可见图9-8。

在单位成本目标差异（-0.0025元/只）影响的价值贡献-2315元中，通过标准成本分析发现主要影响因素为：罩光漆

第9章 精益成本管理探索——标准成本与阿米巴结合提升EVA

项目	单位价值	工时	价值贡献	产量	单位变动成本	开机率	开机时间效率	设备效率	成品率
	元/(人*小时)	人*小时	元	只	元/千罐	%	%	%	%
目标	111.3	180.0	20031	985651	0.2414	100%	95.8%	96.0%	99.2%
11日白-A班	86.7	166.5	14435	924357	0.2439	92.5%	100%	93.3%	99.2%
差异	-24.6	-13.5	-5596	-61294	0.0025	-7.5%	4.2%	-2.7%	0.0%

分析项	价值贡献	工时	单位价值
	元	人*小时	元/(人*小时)
单位价值差异			-24.6
价值贡献影响	-5596	166.5	-33.6
工时影响	20031	-13.5	9.0

分析项	数量	单位边际	金额
	只	元/只	元
边际贡献差异			-5596
单位边际影响	924357	-0.0025	-2315
产量影响	-61294	0.0535	-3281

分析项	人数	生产时间	工时
	人	小时	人*小时
工时差异			-13.5
生产时间影响	15	-0.9	-13.5
人数影响	0	12	0

分析项	生产时间	运行速度	产量
	分	只/分	只
产量差异			-61294
设备速度影响	666	19	12630
生产时间影响	-54	1369	-73924

项目	钽卷	内喷涂料	底涂	罩光漆	油墨	拉伸冷却液	成膜剂	气	电	合计
单位成本影响	-0.0003	0.0004	-0.0013	0.0011	0.0019	-0.0002	0.0001	-0.0001	0.0010	0.0025
影响成本	-236	402	-1182	1009	1717	-19	227	-84	961	2315

图9-8 成都宝钢制罐目标差异分析路径

单耗超标影响1009元,油墨单耗超标影响1717元,电单耗超标影响961元。

综上,通过阿米巴与标准成本的结合,通过价值树剥笋式分析揭示出了成都制罐6月11日白班的阿米巴目标差异-24.6元/人·小时的四个主要负向影响因素:一是生产时间少了54分钟,导致产量少了73942只,影响单位时间价值-23.8元/人·小时;二是罩光漆单耗超标0.029kg/千罐,导致单位成本超标0.0011元/罐,影响单位时间价值-6.1元/人·小时;三是油墨单耗超标0.007 kg/千罐,导致单位成本超标0.0019元/罐,影响单位时间价值-10.3元/人·小时;四是电单耗超标1.485度/千罐,导致单位成本超标0.001元/罐,影响单位时间价值

-5.8元/人·小时。

③揭示要因并提出对策。

针对上述影响因素,进一步分析原因并采取相应措施,详见表9-3。

表9-3　　　　　　　提出对策与措施

序号	项目	因素	影响单位价值	影响价值贡献	原因分析	对策与措施
1	开机率	开机时间比目标少0.9小时	-23.8	-3957	停水	无
2	单耗—油墨	单耗超标0.007KG/千罐	-10.3	-1717	膜重控制偏高	及时检查、调整膜重
3	单耗—罩光漆	单耗超标0.029KG/千罐	-6	-1009	膜重控制偏高	及时检查并更换磨损刮刀
4	单耗—电	单耗超标1.485度/千罐	-5.8	-961	停机部分设备空转	密切联系自来水公司,判断恢复供水时间,时间较长可关闭主要设备

9.2.5　实现阿米巴经营模式的信息化、数据化

宝钢金属通过开发小型的应用程序,已经把上述的阿米巴目

第 9 章 精益成本管理探索——标准成本与阿米巴结合提升 EVA

标差异分析模型（阿米巴与标准成本相结合的剥笋式的四个分析模型及表格）信息化、系统化，中间的计算、分析过程由系统自动完成，阿米巴长只需照例完成每班的日常数据输入，系统可以自动揭示差异，然后再由阿米巴长分析原因并提出改进措施。这样，每个阿米巴每天都可以计算出价值贡献，并且得到价值贡献差异，然后剥笋式地揭示出差异，每天都进行原因分析，在原因分析的基础上，阿米巴长每天都能提出改进措施。使得生产一线的发现问题、改进措施不是半个月或一个月出报表后的事情，而是变成了每天都进行的日常 PDCA 循环，这种每天都进行的阿米巴改进完善的力量是巨大的。图 9-9 为成都制罐开发的阿米巴信息管理系统。

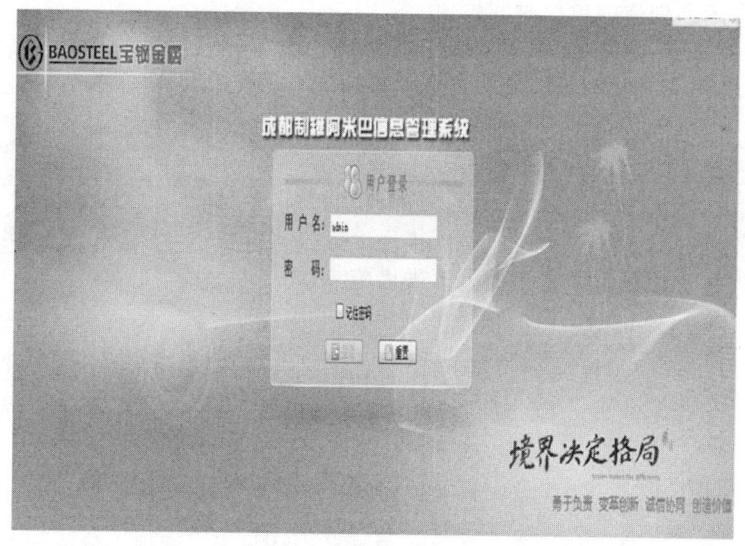

图 9-9　成都制罐阿米巴信息管理系统

9.2.6 建立阿米巴闭环管理体系，完善绩效考核

（1）建立阿米巴 PDCA 管理闭环

阿米巴核算表只是工具，不是目的。需要通过目标设定、揭示差异、原因分析、改进措施，形成 PDCA 管理闭环，在日常经营中发挥实际作用。

①目标设定：设定收入和成本项下的每一子项要达到的目标，并设定总工时目标，然后设定阿米巴单位时间价值要达到的目标，设定目标可以参考历史经验值与改善计划。

②揭示差异：纵向可以对比当日、当周、当月与以往相比较阿米巴单位时间价值是提升了还是降低了，横向可以比较同类型阿米巴创造的单位时间价值。

③原因分析：分析价值驱动因素，查找出阿米巴单位时间价值低的原因，是收入存在问题还是成本高了？还是总工时高？

④改进措施：若收入低了，考虑如何提高收入？若是成本高了，则是在分析明细成本项目的情况下，怎么来改善成本；若是总工时高了，则考虑如何优化人员结构。这样就可以有针对性地抓住价值驱动因素来提出改进措施。

（2）将阿米巴值纳入绩效考评

阿米巴目标达成与基层阿米巴的绩效评价紧密结合，是持续有效推进阿米巴模式的重要保障。可以统一内部语言和评价标准，避免不同要求让一线团队无所适从。

以成都制罐为例，原有以 KPI 为主的绩效考评内容分为五个部分，产量、成品率、质量、单耗及安环与工厂管理，分值如下见表 9-4。

第9章 精益成本管理探索——标准成本与阿米巴结合提升 EVA

表9-4 原绩效考核评价内容及分值

考评内容	分值
A1 产量	20%
A2 成品率	20%
A3 质量	30%
A4 单耗	15%
A5 安环与工厂管理	15%

引入阿米巴后,绩效考评内容及分值如下见表9-5:

表9-5 现绩效考核评价内容及分值

考评内容	分值	与原评价体系对比
B1 阿米巴值	60%	对应 A1、A2、A4
B2 品质管理	25%	对应 A3
B3 安环与工厂管理	15%	对应 A5

通过以上调整,将阿米值纳入日常绩效评价,让公司上下都关注阿米巴值的波动,通过分析去发现问题,改善操作和管理,提升经营绩效。

(3)建立阿米巴长胜任模型

为综合评价阿米巴长应用阿米巴经营模式的水平,帮助阿米巴长养成有效行为模式,明确阿米巴长能力成长的阶段性要求,公司建立了阿米巴长胜任能力模型。

阿米巴长胜任模型由九段制成长阶梯组成(见表9-6),每级阶梯有三个维度,胜任力关键事件积分、阿米巴价值贡献及阿米巴组织变性。阿米巴长根据阿米巴值的完成率,胜任能力的分值及阿米巴与其他阿米巴之间是否能实现分合变性来实现段位的提升及职业的发展。

表 9-6　　阿米巴长段位成长标准

序号	段位	成长通关			关键词	描述
		胜任力积分	阿米巴贡献	阿米巴组织变形		
1	九段	4050	目标达成率超过100%	阿米巴与其他阿米巴之间实现分合变形	入神	"变化莫测,且能先知",阿米巴长水平已达到高深莫测、出神入化的境界
2	八段	3240	目标达成率超过98%		坐照	"不劳神思而不意灼然在目",阿米巴长能准确判断并把握经营本质和市场格局
3	七段	2520	目标达成率超过96%		具体	"人各有长,未免一偏,能兼众人之长",阿米巴长对阿米巴经营的"十八般武艺样样精通"
4	六段	1890	目标达成率超过94%		通幽	"心虚灵洞沏",阿米巴长思维敏捷,并已深谙阿米巴经营之道
5	五段	1350	目标达成率超过92%		用智	"用智深算",阿米巴长不局限于阿米巴经营之术,已在探求阿米巴经营之智慧
6	四段	900	目标达成率超过89%	正常运营小型阿米巴	小巧	"纵横各有巧妙",阿米巴长善于灵活运用各种方法和工具,达成阿米巴贡献目标
7	三段	540	目标达成率超过86%		斗力	"力战于野",阿米巴长遇到任何困难都不服输,全力相抗,并有"一力降十会"的实力
8	二段	270	目标达成率超过83%		若愚	"虽如愚,然而实,其势不可犯",阿米巴长善于发挥自己的长处,"集中优势兵力",攻坚克难
9	初段	90	目标达成率超过80%		守拙	"守我之拙,彼巧无所施",阿米巴长扎实于每个阿米巴经营细节,稳扎稳打,步步为营

第9章 精益成本管理探索——标准成本与阿米巴结合提升 EVA

9.3 阿米巴经营模式应用与创新的效果

9.3.1 提升了员工经营意识，促进了人才成长

阿米巴模式最终将经营目标分解至各阿米巴长，通过内部授权，各阿米巴长展开相对独立的经营，各阿米巴的努力方向与公司的价值方向总体一致。各内部单位的日常运营需要协调和干预的事项大大减少，总经理可以从琐事中解脱出来，思考和推动新产品、新客户开发、关键能力提升等战略与发展问题。比如成都制罐的阿米巴长们的意识有了很大的转变。原来从抵触、迷惑到愿意，目前正走在主动的道路上；对于停机，原来停机就停吧，现在若有停机，就会有紧迫感，会立即查找原因，做出处理；对于单耗，原来只要不超上限即可，现在会力争多节约，按下限控制；罐子以前有很多返工挑选，有些好的罐子也被扔掉，现在会尽量挑选出好罐子，不会有太多的隔离；厂长每天都问阿米巴长：今天你赚了么？赚了多少？比目标是多了还是少了？积极投身于阿米巴经营模式的各级管理人员，经营意识提升，经营管理才能得到锻炼，不断被赋予更大的权限和责任，实现培养人才的最终目的。例如：成都制罐实施阿米巴后其原副总经理现晋升为佛山制罐总经理，原厂长晋升为哈尔滨制罐总经理助理，原生产主管晋升为厂长助理。通过员工成长的示范效应，激励更多员工坚定信念，学习并运用好阿米巴模式，点燃工作激情，不断创造出更高的业绩。

9.3.2 推动了组织变革和企业管理效率提升

阿米巴模式将大组织划分成许多独立经营、独立核算的阿米巴组织，更高效地响应了市场的需求与变化，通过内部定价机制的设计，在生产与销售、制造单元与支撑团队分享价值成果，用市场经济的手段解决了各环节的协同问题，现场情况与市场信息高频互动，市场压力高效传导，对防治"大企业"经营逐步远离市场、内部臃肿、决策低效等各种弊端有重大意义。同时，依靠信息化、系统化的支撑，阿米巴长只需照例完成每班的日常数据输入，系统可以产生报表、自动揭示差异，每天都可以计算出价值贡献，通过与标准成本结合应用，每天都进行原因分析，每天都进行日常 PDCA 循环，变事后分析为在线管理这种每天都进行的阿米巴改进完善及时性大大提升。

9.3.3 提升了经济效益

宝钢金属在阿米巴模式的分析运用中引入标准成本，并采取价值树层层展开剥笋式分析，不仅对阿米巴模式进行了丰富和发展，发挥了巨大的作用，也实实在在促进了经营效益的提高。

例如，试点的三家公司 2014 年 EBITDA 合计较 2013 年增长了 2091 万元。其中，成都制罐无论是生产效率还是经济效益提升最为显著。成都制罐与 2013 年相比，2014 年产量增加了 46%，成品率提高了 1%，开机率提高了 29%，日均产量提高了 13%，利润总额提高了 74%。其中，销售增量 17220 万罐，除了销售阿米巴的努力，也得到了生产阿米巴的有力保障（开机时间效率提高 5%、设备效率提高 8%），按 2014 年的实际平均边际 0.075 元/罐计，贡献边际 1290 万元，阿米巴模式的开展功不可没。

第10章 结论与展望

10.1 主要研究结论

1. 本书提出了基于精益生产模式的全新的成本管理方法—精益成本管理。精益成本管理是国内外成本管理的融合和发展，精益成本管理是精益管理思想与成本管理思想相结合的产物。

2. 本书在比较精益成本管理与传统成本管理差异的基础上，对精益成本管理的本质、基本特征及其构成要素进行研究，并指出精益成本管理的独特优势。

3. 精益成本管理是一个履行控制能力的责任系统和价值创造系统，该系统融合了环境、组织和文化等因素，运用运筹学、系统工程和电子计算机等各种科学技术成果，促使成本管理向着预测、决策和控制方面深化。它对业务过程实施有效的分层控制，以超越于传统的视野有针对性地采用以维持、改善和革新为根本特征的控制方式，实现企业价值最大化。

4. 精益成本管理的外延，包括精益采购成本管理、精益设计成本管理、精益生产成本管理、精益物流成本管理和精益服务技术成本管理。它全方位控制企业的供应链成本，以达到企业供应链成本最优，从而使企业获得较强的竞争优势。

5. 本书从精益成本管理的基点、要素分析等角度，系统地研究了面向价值最大化的精益成本管理运作体系。在此基础上建立了精益成本管理的方法措施体系，并提出了实施精益成本管理的基本策略。

6. 本书所构建的宝钢精益成本管理创造性地将标准成本与作业成本融合，将BSC与EVA融合。在不同的成本中心灵活地采用不同的成本管理方法和手段，如：标准成本、作业成本、质量成本、事故成本、环境成本、人工成本、设计成本、生产组织成本等等，构造出了面向价值创造的成本管理新模式。

7. 精益成本管理成功地在宝钢进行了实践，取得了有益的经验，并获得"第十届国家级企业管理现代化创新成果"一等奖。宝钢的精益成本管理极具推广价值，尤其是对大中型企业有很强的理论指导意义和实践价值。

8. 引入阿米巴模式，将标准成本管理与阿米巴模式相结合，并从结果到过程采取价值树层层剥笋式分析，这既是对标准成本管理方法的拓展，也是对阿米巴模式的丰富和发展，整合运用阿米巴、标准成本、价值树等管理会计工具，形成了具有中国特色的管理会计创新实践，点燃全员参与创造EVA的激情；达到了提升EVA的目的。

10.2 未来研究展望

从宝钢精益成本管理的演变过程中，可以归纳和展望宝钢精益成本管理的发展趋势：

1. 在标准成本的基础上推进作业成本管理方面，作业成本法与标准成本还要更加紧密结合，让作业成本法与标准成本发挥各自的优势，使宝钢精益成本管理起到更大的作用。

2. 在供应链成本的扩展上，向采购的上游如何延伸，形成更加紧密的战略联盟；向下游如何拓展，形成战略供应链的双赢，还可以做进一步的研究。

3. 宝钢精益成本管理发展，要将短期成本降低与长远成本规划进行更紧密的联系，建立更加合理的降本增效长效机制，以获得可持续的发展。

综上所述，精益成本管理使企业在竞争中获得全局、长远的成本优势，是一种全方位的、全面的、全过程的成本管理。其具体目标是在降低成本的同时，充分发挥成本的效能，在成本管理中应尽可能避免无效的成本耗费，使成本的效用得以最大限度地实现。其要素包括成本规划、成本改善和成本抑减。其外延涵盖了采购、设计、生产、物流、服务等领域。本书在对传统成本管理理论进行梳理和综述的基础上，提出了精益成本管理理论形成的现实基础是精益生产方式的推进，对精益成本管理理论与传统成本管理理论进行了区分，指出价值链分析、零存货与准时制生产、作业成本法、全面质量管理、持续改进理论、约束理论、供应链管理是精益成本管理理论演进的力量支撑。

总之，精益成本管理思想的精髓就在于追求最小供应链成本。在供应链的各个环节中不断地消除不为客户增值的作业，杜绝浪费，从而达到降低供应链成本，提高供应链效率的目的，最大限度地满足客户特殊化多样化的需求，使企业的竞争力不断增强。宝钢在标准成本管理的基础上，探索了成本管理的创新模式——精益成本管理。宝钢的精益成本管理融合了以"6σ"为特征的精益生产、敏捷制造、质量管理、ERP和供应链管理的精髓，把这些先进的管理方法与成本管理相结合，目的是营造一种精益成本管理的组织经营模式，并形成了以作业长制为中心，以计划值为目标，以设备点检定修制为重点，以标准化作业为准绳，以自主管理为基础的"五制配套"的宝钢基层管理模式，不仅使宝钢综合竞争力得到显著提升，而且为宝钢用户创造了价值。宝钢尝试成本管理模式创新，通过连续几年实行的精益成本管理，积累了宝贵的经验，精益成本管理体系也日渐成熟，并发挥着日益重要的作用，具有重要的推广价值。

产能过剩、微利时代需要通过精细化的成本管理来增加企业的盈利能力，供给侧改革也需要在供给端强化精益运营、精益成本管理，管理会计的春天在呼唤精益成本管理。

成本问题一直是束缚我国企业尤其是国有企业发展的瓶颈，如何通过有效的成本管理和控制，以降低企业成本，提高竞争力，是现代成本管理急需解决的关键问题。新的市场竞争环境、产能过剩的经营环境和不断的技术进步，使成本管理在企业价值创造中的地位显得越来越重要。

传统成本管理面临三方面的挑战，一是外部环境变革对成本管理提出新的挑战，二是内部管理的深化也对成本管理提出了新的要求，三是成本管理方式和方法本身也在不断推陈出新。因此，传统成本管理已经不能满足新形势、新环境、新竞争的需要。

现代成本管理中,不管是作业成本管理、成本企划,还是成本位置管理、战略成本管理以及我国有关理论和实践研究,都只是对传统成本管理体系在某些方面进行了不同程度的修正,存在某些局限性。面对新的经营环境对传统成本管理体系作出全面系统改造的研究还没有,本书的研究目的就在于此。

本书通过归纳和梳理成本管理理论的起源、发展过程,并针对宝钢的精益生产等管理特点以及所面临的竞争形势,提出并研究了精益成本管理。本书研究了精益成本管理的内涵及外延,在此基础上构建精益成本管理的理论框架和运作机制,最后结合宝钢的精益成本管理实践,对宝钢精益成本管理体系的运行进行系统研究。

本书主要获得了以下主要结论和创新点:

1. 提出了基于精益生产模式的全新的成本管理方法——精益成本管理。精益成本管理是国内外成本管理的融合和发展,精益成本管理是精益管理思想与成本管理思想相结合的产物。

2. 本书在比较精益成本管理与传统成本管理差异的基础上,对精益成本管理的本质、基本特征及其构成要素进行研究,并指出精益成本管理的独特优势。

3. 精益成本管理是一个履行控制能力的责任系统和价值创造系统,该系统融合了环境、组织和文化等因素,运用运筹学、系统工程和电子计算机等各种科学技术成果,促使成本管理向着预测、决策和控制方面深化。它对业务过程实施有效的分层控制,以超越于传统的视野有针对性地采用以维持、改善和革新为根本特征的控制方式,实现企业价值最大化。

4. 精益成本管理的外延,包括精益采购成本管理、精益设计成本管理、精益生产成本管理、精益物流成本管理和精益服务技术成本管理。它全方位控制企业的供应链成本,以达到企业供应链成本最优，从而使企业获得较强的竞争优势。

5. 本书从精益成本管理的基点、要素分析等角度，系统地研究了面向价值最大化的精益成本管理运作体系。在此基础上建立了精益成本管理的方法措施体系，并提出了实施精益成本管理的基本策略。

6. 本书所构建的宝钢精益成本管理创造性地将标准成本与作业成本融合，将 BSC 与 EVA 融合。在不同的成本中心灵活地采用不同的成本管理方法和手段，如：标准成本、作业成本、质量成本、事故成本、环境成本、人工成本、设计成本、生产组织成本等等，构造出了面向价值创造的成本管理新模式。

7. 精益成本管理成功地在宝钢进行了实践，取得了有益的经验，并获得"第十届国家级企业管理现代化创新成果"一等奖。

8. 引入阿米巴模式，将标准成本管理与阿米巴模式相结合，并从结果到过程采取价值树层层剥笋式分析。这既是对标准成本管理方法的拓展，也是对阿米巴模式的丰富和发展。整合运用阿米巴、标准成本、价值树等管理会计工具，形成了具有中国特色的管理会计创新实践，点燃全员参与创造 EVA 的激情，达到了提升 EVA 的目的。

《精益成本管理攻略》其实是一个来自宝钢真实推进精益成本管理的方方面面的分享。我们希望这个分享能够帮助到一些人，引发他们有关成本管理的思考，并激发他们行动的热情。

在本书中，除了进行了理论探索和学术研究，最关键是在企业里面的所思、所行。许多的理论或学术成果，大家在接触时，费了很大的心力，终于弄懂了，但是却没有付诸实践，理论还是理论，没有转化为生产力。本书展现的精益成本管理的实践一方面可以对理论探索、学术研究进行验证，另一方面又为理论探索、学术研究提供素材。希望有兴趣的读者可以"垂青"：或进行验证，或进行探索研究，当然也可能拿来就可以参照着用。

写这本《精益成本管理攻略》的过程，对我们而言，是一个不断学习、不断实践、不断思考、不断总结的过程。特别是在梳理好多年前的案例时，就像重新开启了一段段尘封的记忆——和同事们一起讨论甚至争论、一起加班加点推进标准成本的一幕幕……那些一起拼搏的日子鲜活得仿佛就在今天，就在眼前。20多年过去了，和我们一起推进成本管理的同事有些仍在这个领域付出辛劳，正在将成本管理推入新的阶段；有些同事已经转到了其他领域。但不管怎样，我们一起，在推进成本管理的过程中收获了许多。

写作的过程，也是一个非常"苦"的过程。我们不得不在繁忙的工作之余，伏案敲打键盘。有时候回到家脑子里还是想着书稿中的内容，转不过神来。但是这种在"苦"中的打熬，让我们对过去那么多年成本管理的所思、所想、所行进行了系统的梳理，甚至在梳理时又有新的发现。有时候，冥思苦想，不知道如何能够把文字组织得更好，把案例写得更明白，但突然就灵光一现，发现了一个好的表达方式，甚至仅仅是一个贴切的词，我就觉得那是多么地开心和喜悦。因此，这个过程也算是"苦"中有"乐"，甚至是一个充满惊喜的过程。

在写作过程中，得到了各位同仁的支持和帮助，在此要感谢宝钢给了我学习、实践精益成本管理的机会，要感谢各位领导、老师对我的指导，要感谢各位朋友、各位同仁对我的帮助。

当然，本书还有许多值得完善的地方，我们期待读者的批评、指正。

愿我们一道成长。

范松林

2016 年 6 月

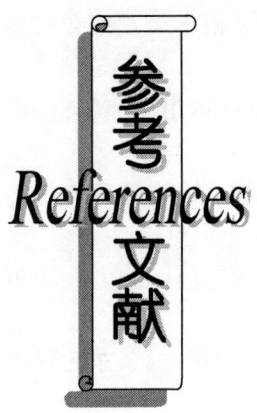

[1] 林万祥：《成本论》，中国财政经济出版社 2001 年版。

[2] 范松林："宝钢的财务管理模式创新"，《财会月刊》，2004 年第 12 期。

[3] 欧阳清：《成本会计学》，首都经济贸易大学出版社 2003 年版。

[4] 万寿义：《现代企业成本管理研究》，东北财经大学出版社 2004 年版。

[5] 范松林："作业成本法在标准成本中的应用"《财经问题研究》，2005 年第 5 期。

[6] 欧阳清："我国成本管理改革的回顾和展望"《会计研究》，1998 年第 5 期。

[7] 陈柯：《战略成本管理研究》，中国财政经济出版社 2002 年版。

[8] 范松林、林钟高、汪家常等："宝钢成本管理的实践与创新"，2003 年。

［9］范松林："宝钢的成本管理运作体系创新",《财务与会计》,2004年第7期。

［10］范松林:"标准成本制度在宝钢的运用",《会计研究》,2000年第4期。

［11］范松林、李国平、吕坚:"宝钢精益成本管理应用案例研究",《科研管理》,2006年第2期。

［12］夏宽云:《战略成本管理》,立信会计出版社2000年版。

［13］王平心:《作业成本计算理论与应用研究》,东北财经大学出版社2001年版。

［14］范松林:"财务成本数据仓库在宝钢整体产销管理系统中的应用",中南财经政法大学论文,2005年。

［15］范松林:"谈谈宝钢基于标准成本制度的成本管理体系"《财会通讯》,2004年第12期。

［16］范松林:"宝钢钢管公司构建价值贡献模型探索",《会计研究》,2004年第5期。

［17］吕坚、孙林岩、范松林:"网络组织类型及其管理机制适应性研究",《管理科学学报》,2005年第2期。

［18］范松林:"推行质量成本管理,降低内外部质量损失",《中国总会计师》,2011年第2期。

［19］范松林:"宝印公司标准成本管理的实践",《财务与会计》,2011年第9期。

［20］范松林:《企业价值管理攻略》,中国铁道出版社2014年版。

［21］范松林:"阿米巴经营模式在宝钢金属的运用",《财务与会计》,2015年第4期。

［22］范松林:"阿米巴模式与标准成本相结合推进价值管理",《财务与会计》,2016年第7期。